Primae Lineae Anatomes, In Usum Praelectionum

Joseph Jacob Plenck

JOSEPHI JACOBI PLENCK,

Chirurgiæ Doctoris, nec non Chirurgiæ, Anatomes, atque Artis obstetriciæ Professoris Cæsareo-Regii, publici ac ordinarii in Cæsareo-Regia Universitate Budensi.

PRIMÆ LINEÆ
ANATOMES.

IN USUM PRÆLECTIONUM.

EDITIO TERTIA ET EMENDATA.

VIENNÆ,
APUD RUDOLPHUM GRÆFFER, 1780.

EXCELLENTISSIMO

ATQUE

ILLUSTRISSIMO VIRO

DOMINO

GEORGIO

E COMITIBUS

FEKETE

DE GALANTHA,

INSIGNIS ORDINIS S. STEPHANI

REGIS APOSTOLICI

MAGNÆ CRUCIS EQUITI,

JUDICI CURIÆ REGIÆ.

INCLYTI

COMITATUS ARADIENSIS

SUPREMO COMITI,

Utriusque Sacratissimæ Cæsareo-Regiæ Apostolicæ Majestatis

ACTUALI STATUS INTIMO,

et

Ad excelsum consilium regium locumtenentiale Hungaricum

CONSILIARIO,

AD EXCELSAM TABULAM SEPTEM-VIRALEM

CON-JUDICI,

et

UNIVERSITATIS BUDENSIS,

STUDIORUMQUE PER INCLYTUM REGNUM HUNGARIÆ

SUPREMO DIRECTORI

FELICITATEM PRECATUR

Josephus Jacobus
Plenck.

EXCELLENTISSIME

ATQUE

ILLUSTRISSIME DOMINE
COMES!

DIU est, quod TUAM EXCEL-
LENTISSIME COMES! bonarum
omnium litterarum cognitionem amplam
illam, ac prope incredibilem; inque iis fo-
vendis, promovendisque vigilantiam, ac
studium indefessum admiretur Hungaria.

Academiæ quidem hujus scientiarum,
cujus regendæ supremam curam nemini po-
tuit committere felicius AUGUSTISSIMA
PRINCEPS, *tanta cum gentis TUÆ*
commendatione non multis ante annis repa-
ratæ gloria præcipue TUA est. TUA
vero solius, quod novis illa, ac novis so-
lidioris doctrinæ præsidiis instructior in eam
spem excrescat, ut peregrina deinceps au-

A 3

xilia videatur Hungaria haud valde defi-
deratura.

Bibliotheca defuit; eam ut haberemus
AUGUSTÆ clementi beneficentia egregie
fundatam TE PATRONO effectum est.
Defuere ædificia recipiendis ægris, exer-
cendæque practicis ufibus juventuti apta;
jam id effecifti magnis ftudiis, ut illa ne
deeffent, probe gnarus medicas, chirurgi-
casque difciplinas omnes ea effe natura,
ut ab ufu, exercitationeque fejuncta intel-
ligi vix, ornari vero novis remediis inve-
niendis, aut inventis olim confirmandis,
poliendisque omnino non poffint. Ita TU
nihil facis reliqui, quod ad maternam AU-
GUSTÆ DOMINÆ expectationem explen-
dam pertinere videatur. Atque erit EX-
CELLENTISSIME   COMES!

quum se *TUUS* hic tam amans Patriæ, tam studiosus publici commodi animus humanissima perfundi voluptate sentiet. Videbis redditam curis *TUIS* dignitati suæ salutarem scientiam: videbis ejectos e beatissimo hoc Regno veneficos agyrtas; videbis provinciam ab his male usurpatam, probis, scientibusque artis suæ viris commendatam. Millia hominum depulso mortis periculo gaudentium pro *TE* vota concipere, precari felicitatem videbis. Ostentabunt *TE* parentes liberis, Nepotibus avi, memoriamque *TUI*, qua possunt via, grata meritorum in se *TUORUM* commemoratione æternitati commendabunt.

Hæc sola virtutibus *TUIS* digna est merces *EXCELLENTISSIME COMES!* Harum ego admiratione in eam cogitationem inductus sum, ut hunc libellum in academica juventutis usus comparatum ILLUSTRISSIMO NOMINI TUO inscribere cuperem. Addebat animos incredibilis illa TUA adversus omnes animi propensio, qui, etsi in re haud magna, conferre nonnihil ad promovenda optimarum litterarum studia meditando, scribendoque connituntur. Indulsisti hanc gratiam petenti tanta facilitate, ut prope spem ipsam præverteres: eaque ipsa re significares, non ingratam TIBI esse pietatem meam, de qua sic statuas velim; nullius unquam paratiorem fore ad salutem tuam precibus supremo Numini commendandam, nullius in TE colendo, & observando studiosiorem, nullius ad mandata TUA excipienda, curandaque promptiorem.

PRÆFATIO.

INTER doctrinas, quibus Chirurgiæ tyrones initiandi funt, eminet illa, quæ corporis humani compagem in fuas, quibus artificiofe conftructum eft, partes diffolvit. Hanc artem anatomen dicunt; hæc fola eft, quæ chirurgo nobilem illam infpirat audaciam, qua cultrum in hominum falutem impavide applicat, quem anatome deftitutus, aut timidus, aut temerarius in hominum vifcera perniciofe immififfet.

Verum: quam utilis ac neceffaria, tam difficilis hæc eft fcientia, ingens etenim & memoriam defatigans, eft numerus, quibus corpus noftrum miro artificio contextum eft partibus; hæ raro confpici, rarius adhuc, quod tamen requiritur, propria manu diffecari poffunt. Auget difficultatem rei quandoque is, ex quo anatomen difcant, libellus, qui fæpe hic deficit, ibi abundat, nullo ordine rem perfequitur, aut ita defcribit partes, ut errores magis, quam cognitiones pariat. Accedit: quod ampliora anatomes opera parari fibi non poffint a plurimis, qui ad chirurgiam animum applicant, cum egeftatis maximam partem fint filii. His de caufis contingit, quod multi anatomiam vel negligant, vel fpe fua dejecti, chirurgiæ valedicant, aut quos fors ad eam damnaverat, ex ob-

vio quocunque opuſculo, licet erroneo, eam ad-
diſcant.

His malis ut mederer, opuſculum hoc anato-
micum congeſſi, quod primas ſolum lineas anatomes complectitur; ampliorem ſingularum partium
deſcriptionem viva docentis vox, ac ipſa partium
contemplatio ſuppeditabunt. Naturam qui noſſe
cupit, in theatris anatomicis quærat, non in li-
bris. Demum anatomiam expoſiturus, ſingulam partem non ſolum anatomice, ſed & phyſiologice, & pa-
thologice conſiderabo. Sic auditorum meorum atten-
tionem acuere, & utilitatem, quæ inde in praxim re-
dundat, oſtendere omni opera conabor, ne illis labor,
quem anatomiæ impendunt, ſine præmio videatur.

Tyrones demum his primis anatomes lineis
bene imbuti, immortalia WINSLOWII, ALBI-
NI, HALLERI, MORGAGNI, MEKELLII,
ZINII, HUNTERI, WEITBRECHTII,
WALTHERI, LEBERI, & aliorum opera anato-
mica uberrimo cum fructu, & minori cum difficultate
perluſtrare valebunt.

Denique in gratiam, & utilitatem auditorum
meorum hæc anatomes rudimenta a me compila-
ta ſunt, ut iis veluti filo ad prælectiones meas hi
utantur, qua de re benevolus lector exactam anatomiam, qualem ſcribere mens mea nullatenus
fuerat, nec hic quærat, nec deſideret.

PRIMÆ LINEÆ
ANATOMES.

DE ANATOMIA GENERATIM.

ANATOMIA est scientia, quæ humani corporis structuram docet.

Hæc scientia in 7. dividitur *Doctrinas*.

    I. est *Osteologia* quæ de ossibus agit.

    II. — *Syndesmologia* quæ de ligamentis.

    III. — *Myologia* quæ de musculis.

    IV. — *Splanchnologia* quæ de visceribus.

    V. — *Angiologia* quæ de vasis sanguiferis.

    VI. — *Nevrologia* quæ de nervis.

    VII. — *Adenologia* quæ de glandulis tractat.

DE PARTIBUS CONSTITUTIVIS CORPORIS HUMANI.

Corpus humanum partibus constat *solidis* & *fluidis*.

SOLIDÆ partes in *duras* & *molles* dividuntur: Ossa & Cartilagines partes vocantur duræ, musculi, & omnes reliquæ sunt molles.

Omnes partes solidæ constant ex minimis fibris.

FIBRÆ sunt tenuissima filamenta simplicia, quæ ex particulis terreis, intermedio glutine nexis, componuntur.

Simpliciſſimum & ultimum partium ſolidarum *ſtamen* ergo eſt *fibra ſimplex.*

Ex fibris ſimplicibus condenſatis fiunt *filamenta.*

— filamentis *textus filamentoſus* formatur.

— textu filamentoſo condenſato *laminæ*,

— laminis *textus celluloſus*,

— textu celluloſo fere omnes noſtri corporis partes naſcuntur, ut

MEMBRANÆ ex textu celluloſo condenſato.

VASA ex membranis in cylindrum convolutis.

LIGAMENTA ſunt membranæ craſſæ, & elaſticæ.

CARTILAGO eſt ſubſtantia celluloſa, quæ gelatinam elaſticam, inſpiſſatam, ſine terra continet.

OSSA conſtant ex glutine terreo, inter fibras & cellulas effuſo, & inſpiſſato.

NERVI ſunt canaliculi tenuiſſimi liquido nerveo pleni.

MUSCULI ex filamentis peculiaribus, irritabilitate donatis, conſtant.

TENDINES ex textu filamentoſo conflantur.

VISCERA demum ex vaſis, nervis, glandulis, ductibus ſecretoriis & excretoriis, textu celluloſo & membrana circumveſtiente componuntur.

GLANDULÆ autem parva quaſi viſcera ſunt.

OSTEOLOGIA

SEU

DOCTRINA DE OSSIBUS.

ELENCHUS OSTEOLOGIÆ.

De offibus generatim.
Divifio fceleti.
Offium numerus & nomen.
— Nexus.
— Subftantia.
— Color.
— Figura.
— Divifio.
— Proceffus.
— Cavitates.
— Ufus.
De cranio generatim.
Os frontale.
Offa parietalia.
Os occipitis.
Offa temporum.
Os fphenoidale.
— ethmoideum.
De offibus faciei generatim.
Offa maxillaria fuperiora.
— jugalia.
— nafalia.
— lachrymalia.
— fpongiofa inferiora.
Offa palatina.
Vomer.
Maxilla inferior.

De cavitatibus faciei fpeciatim.

Orbitæ.

Cavitas narium.

—— oris.

Dentes.

Cavitas faucium.

Os hyoideum.

Cavitas auditus.

Officula auditus.

De trunco generatim.

Spina dorfi.

De vertebris fpeciatim.

De cavitate thoracis.

Coftæ.

Sternum.

De cavitate pelvis.

Offa innominata.

Os facrum.

—— coccygis.

De extremitatibus fuperioribus.

Clavicula.

Scapula.

Os humeri.

De antibrachio.

Cubitus.

Radius.

Carpus.

Metacarpus.

Digiti.

De extremitatibus inferioribus.

Femur.
Tibia.
Fibula.
Patella.
Tarfus.
Metatarfus.
Digiti.
Officula fefamoidea.
Sceletus fœtus.

DE OSSIBUS GENERATIM.

Ossa funt partium folidarum duriffimæ, ficciffimæ, infenfiles, & fragiles.

COMPAGES offium totius corporis, in naturali fitu connexorum, vocatur *Sceletus*.

Sceletus eft vel *naturalis*, fi offa propriis adhuc ligamentis, vel *artificialis*, fi offa fine ligamentis ope filorum ferreorum connexa funt.

DIVISIO SCELETI.

Sceletus dividitur in *caput*,
      truncum,
      & *extremitates*.

CAPUT dividitur in *cranium* &
      faciem.

FACIES dividitur in *maxillam fuperiorem* &
      inferiorem.

TRUNCUS dividitur in *fpinam*,
      thoracem &
      pelvem.

EXTREMITATES dividuntur in *fuperiores* &
      inferiores.

EXTREMITATES SUPERIORES dividuntur in
      fumitatem humeri,
      brachium,
      antibrachium &
      manum.

B

MANUS dividitur in *carpum,*
metacarpum &
digitos.

EXTREMITATES INFERIORES dividuntur in
femur,
crus &
pedem.

PES dividitur in *tarfum,*
metatarfum &
digitos.

NUMERUS ET NOMEN OSSIUM.

Sceletus adulti hominis conftat ex 240. offibus.

CRANIUM conftat ex 8. offibus.

    1. Os *frontis.*

    1. Os *occipitis.*

    2. Offa *parietalia.*

    2. Offa *temporalia.*

    1. Os *fphenoideum.*

    1. Os *ethmoideum.*

MAXILLA SUPERIOR conftat 13. offibus

    duo offa *maxillaria fuperiora.*

    — — *jugalia.*

    — — *lachrymalia.*

    — — *nafalia.*

    — — *palatina.*

    — — *fpongiofa inferiora.*

    unum os *vomer.*

MAXILLA INFERIOR conftat uno offe.

    maxilla inferior.

CAVUM ORIS habet offa propria 33.

> 32. *dentes.*
> 1. *os hyoides.*

CAVUM AURIS habet offa propria 4. in utroque 8.

> *Stapes.*
> *Malleus.*
> *Incus.*
> os *orbiculare.*

TRUNCUS SCELETI conftat 53. offibus.

SPINA dorfi habet 24. vertebras.

> 7. *vertebræ eolli.*
> 12. *vertebræ dorfi.*
> 5. *vertebræ lumbrorum.*

THORAX habet offa 25.

> 24. *Coftæ.*
> 1. os *Sterni.*

PELVIS conftat offibus 4.

> 2. offa *innominata.*
> 1. os *facrum.*
> 1. os *coccygis.*

SUMITAS HUMERI habet 2. offa.

> *Clavicula.*
> *Scapula.*

HUMERUS conftat offe uno

> os *humeri.*

ANTIBRACHIUM habet offa 2.

> *cubitus.*
> *radius.*

CARPUS conftat offibus 8. quæ duas feries formant.

> in *prima ferie* os *naviculare.*

B 2

os *lunare.*

— *cuneiforme.*

— *fubrotundum.*

in *fecunda ferie* os *multangulare majus.*

— *multangulare minus.*

— *capitatum.*

— *unciforme.*

METACARPUS conftat 5. offibus.

4. offa *metacarpi digitorum.*

1. os *metacarpi pollicis.*

DIGITI habent 14. officula.

2. *phalanges* habet *póllex.*

3. *phalanges* quilibet *digitus.*

FEMUR habet unum os.

os *femoris.*

CRUS conftat 3. offibus.

tibia.

fibula.

patella.

TARSUS habet 7. offa.

Talus.

calcaneus.

os *naviculare.*

3. offa *cuneiformia.*

os *cubiforme.*

METATARSUS conftat 5. *offibus.*

5. offa *metatarfi.*

DIGITI pedis habent 14. *phalanges.*

2. *phalanges* pollicis.

3. *phalanges* cujuslibet digiti.

OSSIUM NEXUS.

Tria funt connexionum *genera*.

   I. Nexus *mobilis*, qui *Articulatio* vocatur, feu *Diarthrofis*.

   II. Nexus *immobilis*, feu *fynarthrofis*.

   III. Nexus *mediatus*, feu *fymphifis*.

Articulationum, feu nexus mobilis, funt 5. fpecies.

   I. *Articulatio profunda*, feu *Enarthrofis*.

   II. *Articulatio plana*, feu *Arthrodia*.

   III. *Articulatio Ginglyformis*, feu *Ginglymus*.

   IV. *Articulatio cardiniformis*, feu *Trochoides*.

   V. *Articulatio ambigua*, feu *Amphyarthrofis*.

Synarthrosis, feu *nexus immobilis*, habet 3. fpecies.

   I. *Sutura.*

   II. *Harmonia.*

   III. *Gomphofis.*

Connexionis mediatæ, feu *Symphifis*, funt 5. fpecies.

   I. *Synchondrofis*, feu fymphifis *cartilaginea.*

   II. *Syffarcofis*, feu fymphifis *mufcularis.*

   III. *Synevrofis*, feu fymphifis *ligamentofa.*

   IV. *Syndefmofis*, feu fymphifis *membranacea.*

   V. *Synoftofis*, feu fymphifis *offea.*

Articulationum Conditiones fic fe habent.

   I. *Enarthrofis* eft articulatio, in omnem ambitum mobilis, cum cavo profundo. Caput femoris cum acetabulo offium innominatorum unice fic articulatur.

B 3

II. *Arthrodia* eft articulatio, in omnem ambitum mobilis, cum cavo fere fuperficiali. Caput humeri cum cavitate glenoidea fcapulæ, aut digitus index cum fuo offe metacarpi fic articulatur.

III. *Ginglymus* eft articulatio, quæ folummodo flexionis & extenfionis motum admittit. Genu cum femore, cubitus cum humero fic movetur.

IV. *Trochoides* eft articulatio, in qua circa cardinem rotatio ad latus obfervatur. Sic in pronatione & fupinatione radius fuper cubitum. Sic caput & prima vertebra colli circa proceffum odontoideum vertebræ fecundæ movetur.

V. *Amphyarthrofis* eft offium articulatio cum motu vix vifibili. Sic offa metacarpi & metatarfi articulantur & moventur.

Species *connexionum immobilium* fic conftituuntur.

I. *Sutura* eft offium immobilis connexio ope marginum dentiformium. Sic offa cranii connectuntur.

II. *Harmonia* eft offium immobilis connexio ope marginum afperorum, non dentiformium. Sic plurima offa faciei connexa funt.

III. *Gomphofis* eft offium immobilis connexio, in qua os offi adeo infixum eft, ut clavus parieti. Sic radices dentium infiguntur alveolis maxillarum.

Species connexionum *mediante* alio corpore fic funt conftitutæ.

I. *Synchondrofis*, feu *Symphyfis cartilaginea*, eft offium connexio ope cartilaginis intermediæ. Sic corpora vertebrarum, fic offa pubis inter fe connectuntur.

II. *Syffarcofis*, feu *Symphifis mufcularis*, eft offium connexio per mufculos. Sic os hyoides cum variis partibus connectitur.

III. *Syndefmofis*, feu *Symphifis ligamentofa*, eft offium connexio per ligamenta. Sic radius cum ulna, tibia cum fibula ope ligamenti interoffei connectuntur.

IV. *Synevrofis*, feu *Symphifis membranofa*, eft offium cohæfio ope membranæ. Sic in fœtu offa parietalia cum frontali cohærent.

V. *Synoftofis*, feu *Symphifis offea*, eft offium concretio ope fubftantiæ intermediæ offeæ. Sic maxilla inferior, quæ in fœtu ex duabus partibus conftat, in fua medietate concrefcit; fic in fenibus futuræ cranii offificantur. Sic tres offium innominatorum partes in acetabulo femoris concrefcunt.

OSSIUM SUBSTANTIA.

Hæc triplex invenitur.

Subftantia *compacta.*
fpongiofa.
reticularis.

SUBSTANTIA COMPACTA ex latis & plurimis fibi invicem incumbentibus lamellis conftat. Et maxime invenitur in medietate offium longorum.

SUBSTANTIA SPONGIOSA ex brevibus, fibi non incumbentibus, fed fibi oppofite locatis lamellis conftat, quæ fpongiæ fimiles cellulas formant. Hæc fubftantia maxime in extremitatibus offium longorum & in offibus parvis invenitur.

SUBSTANTIA RETICULARIS ex tenuibus filamentis offeis, quæ retis adinftar fibi nectuntur, conftat. Invenitur in cavitate interna offium longorum, quæ medullam habent.

COMPACTA fubftantia offibus dat firmitatem, *Spongiofa* dat offibus levitatem & fucco medullari receptaculum. *Reticularis* eft offium medullæ fulcrum.

COLOR OSSIUM.

COLOR fubftantiæ *compactæ*, eft albido-rubens.
——— externæ *cranii* tabulæ, eft albido-cærulefcens.
——— fubftantiæ *fpongiofæ*, eft fufco-rubens.
——— fubftantiæ *adamantinæ* dentium, eft albiffimus & fplendens.

FIGURA OSSIUM.

Hæc varia eft, quædam offa funt *longa*, alia *lata*, alia *multiformia*.

DIVISIO REGIONUM IN OSSIBUS.

Offa *longa* in corpus & extremitates; offa *plana* in
medietatem & margines; offa *multiformia* in
corpus & proceffus dividuntur.

PROCESSUS OSSIUM.

Illorum figura varia eft. Hinc vocantur *criftæ, fpinæ,
condyli, capita.*

CAVITATES OSSIUM.

A figura vocantur *acetabula, foveæ, foramina, fulci,
canales, cellulæ, &c.*

USUS OSSIUM.

FULCIUNT totum corpus. *Formant* corporis figuram & ftaturam. *Defendunt* vifcera. *Dant* mufculis adhæfionem & fitum.

DE CRANIO IN GENERE.

De cranio generatim notari debet

DIVISIO in *Calvariam* & *bafim* feu fundum.

COMPOSITIO ex 8. offibus.

CONNEXIO. Hæc 8. offa connectuntur partim
per *futuras*, partim per *harmonias.*

SUTURÆ cranii. Hæ in *veras* & *fpurias* dividuntur.

Suturæ *veræ* funt tres.

   1. *Sutura coronalis*, quæ os frontis cum
     offibus parietalibus,

2. *Sutura sagittalis*, quæ ossa parietaliæ invicem conjungit.

3. *Suturata lamdoidea*, seu *occipitalis*, quæ os occipitis cum ossibus parietalibus & temporalibus colligat.

Suturæ spuriæ, sunt suturæ *squammosæ*, quæ os temporis ad marginem inferiorem ossis parietalis utrimque conjungunt.

In basi cranii 2. notabiles *harmoniæ* sunt

1. *Harmonia ethmoidea*, quæ os ethmoideum &

2. *Harmonia sphenoidalis*, quæ os sphenoideum cum variis ossibus cranii & faciei conjungit.

SUBSTANTIA CRANII. Cranium constat ex *interna* & *externa* tabula compacta, inter quas substantia spongiosa, quæ *Diploe* vocatur, intercedit. Interna cranii tabula etiam ob politam & fragilem superficiem *vitrea* dicitur.

OSSICULA quæ *Wormiana* vocantur, inveniuntur præcipue in sutura lambdoidea.

FOSSÆ in basi cranii, quæ cerebrum & cerebellum continent, sunt 8.

2. Fossæ *anteriores*, quæ ab osse frontali & ethmoideo formantur.

2. — *mediæ*, quæ ab osse sphenoidali & temporali.

2. — *occipitales superiores*, quæ ab osse occipitali.

2. — *occipitales inferiores*, quæ ab eodem & temporali formantur.

FORAMINA in bafi cranii funt
  10. *paria* &
  2. *imparia.*

FORAMINUM PARIUM funt:
  1. Foramina *cribrofa* in offe ethmoideo.
  2. ——— *optica* in offe fphenoideo.
  3. Fiffuræ *orbitales fuperiores* in eodem.
  4. Foramina *rotunda* in eodem.
  5. ——— *ovalia* in eodem.
  6. ——— *fpinofa* in eodem.
  7. Canales *carotici* in parte petrofa offium temporum.
  8. Foramina *auditoria interna* in eadem parte.
  9. ——— *lacera* inter os temporis & os occipitis.
  10. ——— *condyloidea anteriora* in offe occipitis.

FORAMINUM IMPARIUM funt 2.
  1. *Foramen cæcum* inter os frontis & os ethmoideum.
  2. *Foramen occipitale magnum* in offe occipitali.

I. Per *foramina cribrofa* tranfeunt nervi *olfactorii* ad cavum narium.

II. Per *foramina optica* tranfeunt nervi *optici* & per illos *arteria centralis.*

III. Per *fiſſuras orbitales ſuperiores* tranſit *tertium, quartum, primus ramus quinti paris*, & *ſextum* par nervorum cerebri, atque *arteria orbitalis interna*.

IV. Per *foramina rotunda* tranſit *ſecundus* ramus quinti paris.

V. Per *foramina ovalia* tranſit *tertius* ramus quinti paris.

VI. Per *foramina ſpinoſa* intrat in cranium *arteria ſpinoſa* ad duram matrem.

VII. Per *Canales caroticos* intrat arteria *carotis interna* & exit *nervus intercoſtalis magnus*.

VIII. Per *foramina auditoria* tranſit portio *dura* & *mollis nervi auditorii* & *arteria auditoria interna*.

IX. Per *foramina lacera* exit *vena jugularis interna*, *octavum* par nervorum & *nervus acceſſorius*.

X. Per *foramina condyloidea anteriora* exeunt *nervi linguales*, *ſeu nonum par*.

Per foramina imparia transeunt.

I. Per *foramen cæcum* exit parva vena.

II. Per *foramen occipitale magnum* exit *medulla ſpinalis* & intrant *arteriæ vertebrales*, atque *nervus acceſſorius* medullæ ſpinalis.

In cranio infantum neonatorum adnotari debet *fontanella*, ſeu locus ille membranoſus in ſyncipite, qui nondum oſſificatus eſt.

OS FRONTALE.

Situs in antica cranii parte.

Figura eft, ut media concha.

Divisio in *fuperficiem externam & internam.*
      in *bafim & marginem.*

Processus in fuperficie externa funt.

    1. *Tubera frontalia*, quæ latera externæ fuperficiei conftituunt.

    2. *Arcus fuperciliares*, qui margines fuperiores cavorum orbitalium funt.

    3. *Spina frontalis externa*, eft apophyfis cui offa nafi incumbunt.

    4. duæ *apophyfes orbitales externæ.*

    5. duæ *apophyfes orbitales internæ.*

          quæ angulos orbitarum conftituunt.

    6. *Spina frontalis interna*, quæ in bafi offis ante foramen cœcum in interna fuperficie eft.

Cavitates in *fuperficie externa*

    1. *Cavitates duæ orbitales*, quæ orbitæ partem fuperiorem conftituunt.

    2. *Fovea glandulæ lachrymalis* in externo angulo orbitæ.

    3. *Fovea pro trochlea mufculi obliqui fuperioris bulbi* in interno angulo orbitæ.

    4. *Foramen fuperciliare*, quod nervum frontalem emittit in arcu fuperciliari.

    5. duo *finus pituitarii* frontis, in bafi offis inter dehifcentes tabulas offis.

CAVITATES INTERNÆ.

    1. *Sulcus* pro finu longitudinali duræ matris.

    2. *Foramen cæcum*, fub fpina frontali interna.

    3. *Excifura ethmoidea*, pro receptione offis ethmoidei.

CONNEXIO cum 7. offibus 1. Cum offibus *parietalibus*. 2. *Nafi.* 3. *Lachrymalibus.* 4. *Maxillaribus.* 5. *Jugalibus.* 6. *Ethmoideo.* 7. *Sphenoideo.*

USUS. *Conftituit* frontem, finus pituitarios, partem fuperiorem orbitæ, *continet* lobos anteriores cerebri.

OSSA PARIETALIA.

SITUS. Sibi invicem accumbunt in parte fuprema cranii.

FIGURA fornicata & quadrata fere eft.

DIVISIO in *fuperficiem externam convexam.*

    — ——— *internam concavam.*

    in 4. MARGINES.

        fuperior feu fagitalis.

        inferior — temporalis.

        anterior — coronalis.

        pofterior — occipitalis.

    in 4. ANGULOS.

        Duo *anteriores*, unus *fuperior*, alter *inferior.*

        Duo *pofteriores*, pariter *fuperior* & *inferior.*

CAVITATES EXTERNÆ.

Foramen parietale, quod in parte poftica marginis fagittalis eft & arteriolam duræ matris emittit.

Planum femicirculare, in margine temporali pro adhæfione mufculi temporalis.

CAVITATES INTERNÆ.

Sulci media pars in margine fagittali pro finu longitudinali duræ matris.

Sulcus pro arteria fpinofa duræ matris in angulo inferiori & anteriori, a quo omnes cæteri fulci arteriofi oriuntur.

CONNEXIO cum 5. ollibus 1. Cum fuo *focio* per futuram fagittalem. 2. Cum offe *temporis* per futuram fquammofam. 3. Cum offe *fpheonoideo* per eandem futuram. 4. Cum offe *frontis* per futuram coronalem. 5. Cum offe *occipitis* per futuram lambdoideam.

USUS. Hæc offa conftituunt cranii partem fuperiorem.

OS OCCIPITIS.

SITUS in parte cranii poftica & inferiori.

FIGURA eft quadratum oblongum.

DIVISIO in *fuperficiem externam*, quæ convexa.

—— ———— *internam*, quæ concava eft.

PROMINENTIÆ EXTERNÆ funt.

1. *Tuberculum occipitale externum*, quod in medietate offis eft & ligamento nuchæ adhæfionem dat.

2. *Proceſſus baſilaris*, qui a foramine occipitali magno ad os ſphenoidale extenſus, baſim cranii conſtituit.

3. *Proceſſus condyloidei*, qui ad latera foraminis occipitalis magni locantur, & foveis articularibus primæ vertebræ colli excipiuntur.

PROMINENTIÆ INTERNÆ.

1. *Spina cruciata*, quæ in medietate interna oſſis eſt, & in 4. ramos dividitur.

ramus ſuperior, qui proceſſui falciformi,
rami duo *laterales*, qui tentorio cerebelli,
ramus inferior, qui ſepto cerebelli adhæſionem dat.

CAVITATES EXTERNÆ.

1. Duæ *excifuræ* pro formando foramine lacero in marginibus inferioribus.

2. *Foramen occipitale magnum*, per quod *medulla ſpinalis* exit, & *arteriæ vertebrales*, atque *nervi acceſſorii ſpinales* intrant.

3. Duo *foramina condyloidea anteriora* ante proceſſus condyloideos, quæ *nonum*, ſeu *linguale par nervorum* emittunt.

4. Duo *foramina condyloidea poſteriora* retro proceſſus condyloideos, per quæ *vena occipitalis* exit.

CAVITATES INTERNÆ.

1. Duæ *foſſæ occipitales ſuperiores*, quæ poſticos cerebri lobos excipiunt.

2. Duæ

2. Duæ *fossæ occipitales inferiores*, quæ cerebellum excipiunt.

3. *Fossa medullæ oblongatæ*, quæ in processu basilari est, medullam oblongatam continet.

4. *Sulcus superior* intra lineas eminentes superiores spinæ cruciatæ, in quo *sinus longitudinalis superior* locatur.

5. Duo *sulci laterales*, qui *sinus laterales* duræ matris excipiunt.

CONNEXIO cum 4. ossibus. 1. Cum ossibus *parietalibus*, per suturam lambdoideam 2. Cum ossibus *temporum*, per suturam eandem. 3. Cum osse *sphenoideo*, per symphisim ligamentosam in juventute. 4. Condyli cum *foveis articularibus* primæ vertebræ colli, per ginglymum.

USUS. *Constituit* partem posticam & inferiorem cranii.
Continet lobos cerebri posteriores, cerebellum & medullam oblongatam.
Inservit articulationi capitis.

O S S A T E M P O R U M.

SITUS ad latera & partem cranii inferiorem.
FIGURA irregularis est.
DIVISIO in tres partes
  in *squammosam*,
  mammillarem &
  petrosam.
PROCESSUS EXTERNI sunt
  1. *Apophysis zygomatica*, quæ ex parte squammosa emergit.

C

2. *Tuberculum articulare*, quod radix apophyfis zigomaticæ eft, & ante foveam articularem locatur.

3. *Apophyfis ftyloidea*, ex parte petrofa emergit.

4. ———— *maftoidea*, quæ in parte mammillari eft, & cui mufculus fternomaftoideus adhæret.

CAVITATES EXTERNÆ funt,

1. *Fovea articularis*, in inferiori fuperficie.

2. *Rima foveæ articularis*, in medietate foveæ.

3. *Orificium externum meatus auditorii*, quod in externa fuperficie offis eft.

4. *Sulcus maftoideus*, qui fub proceffu maftoideo eft, ex quo *mafculus biventer* maxillæ inferioris oritur.

5. *Foramen ftylomaftoideum*, intra proceffum ftyloideum & maftoideum, ex hoc foramine *portio dura nervi auditorii* in tempora exit.

6. *Canalis caroticus*, qui parti petrofæ infculptus eft, *nervo intercoftali magno* pro exitu & *arteriæ carotidi internæ* pro introitu infervit.

7. *Excifura*, in parte petrofa, quæ cum offis occipitalis excifura *foramen lacerum* conftituit.

8. *Tuba Euftachiana*, quæ inter partem petrofam & fquammofam e cavo tympani exit.

CAVITATES INTERNÆ funt,

1. *Sulcus arteriæ fpinofæ*, in medietate partis fquammofæ afcendit.

2. *Meatus auditorius internus,* in superficie postica partis petrosæ, qui *nervum auditorium
mollem* transmittit.

3. *Orificium internum aquæductus Falopii,*
quod in meatus auditorii interni orificio est,
& *nervum auditorium durum* recipit.

CONNEXIO cum 5. ossibus. 1. Cum osse *parietali,*
per suturam squammosam. 2. Cum osse *occipitali,* per suturam lambdoideam. 3. Cum osse *sphenoidali,* per harmoniam sphenoidalem. 4. Cum
osse *jugali,* per harmoniam zygomaticam. 5. Cum
maxilla inferiori, per arthrodiam.

SUBSTANTIA. *Pars squammosa* ex tabulis & diploe;
Pars mammillaris ex cellulis; *Pars petrosa* ex
substantia compacta constat.

USUS. Lobos cerebri medios, partem cerebelli, &
organum auditus *continet.*
Tempora & basim cranii *constituit.*

OS SPHENOIDEUM.

SITUS in medietate basis cranii.

FIGURA multiformis est, vespertilioni, cujus alæ ex-
pansæ sunt, comparatur.

DIVISIO in *corpus & apophyses,*
in *superficiem externam,* quæ extra cranium,
in *superficiem internam,* quæ intra cranium est.

PROMINENTIÆ EXTERNÆ sunt:
1. *Spina sphenoidalis,* quæ cum vomere nasi
connectitur.

2. _Alæ majores_, quæ in partem _temporalem_, _orbitalem_, & _cerebralem_ dividuntur.

3. _Apophysis pterygoidea_, quæ _radicem_ in parte superiori & duas _alas parvas_, quarum una _interna_, altera _externa_ est, in parte inferiori habet.

4. _Hamulus_ in ala interna, pro musculo _circum-flexo palati_.

5. _Apophyses spinosæ_, quæ penes foramina spinosa sunt.

PROMINENTIÆ INTERNÆ.

1. _Alæ minores_, quæ tenues sunt & partem superiorem fissuræ orbitalis internæ constituunt.

2. _Apophyses clinoideæ anteriores_ & _posteriores_, quæ anguli sellæ turcicæ sunt.

3. _Corpus ossis_, quod pars sub sella turcica est.

CAVITATES EXTERNÆ sunt,

1. _Sinus pituitarii sphenoidales_; qui _septo intermedio_ discernuntur & corpori ossis insculpti sunt.

2. _Fovea pterygoidea_, quæ inter alas est, & os palatinum suscipit.

3. _Foramina canalis pterygoidei_, quæ in radice apophysium pterygoidearum sunt, per quæ _ramus recurrens_ quinti paris nervorum in cavum cranii redit.

CAVITATES INTERNÆ.

1. _Sella turcica_, quæ fovea est inter quatuor apophyses clinoideas.

2. *Foramina optica*, per quæ *nervus opticus*
& in ejus meditullio *arteria centralis* tranfit.

3. *Rimæ orbitales fuperiores*, quæ *tertium,
quartum*, primum ramum *quinti paris* &
fextum par nervorum, atque *arteriam orbitalem internam* transmittunt.

4. *Foramina rotunda*, quæ *nervum maxillarem
fuperiorem*

5. *Foramina ovalia*, quæ *nervum maxillarem
inferiorem* tranfmittunt.

6. *Foramina fpinofa*, per quæ *arteria fpinofa*
in cavum cranii intrat.

C o n n e x i o cum 9. offibus ope harmoniæ fphenoidalis. 1. Cum offe *frontis.* 2. Cum *ethmoideo.*
3. Cum offibus *parietalibus.* 4. Cum *temporalibus.* 5. Cum *jugalibus.* 6. Cum *maxillaribus
fuperioribus.* 7. Cum *palatinis.* 8. Cum offe *vomere*, per gomphofim 9. Cum *occipitali*, per fynchondrofim ligamentofam.

U s u s. *Format* bafim cranii, concurrit ad formationem orbitæ, finuum pituitariorum nafi, temporum, &
continet medios cerebri lobos.

O S E T H M O I D E U M.

S i t u s anterius in bafi cranii, & fimul in fuprema
narium parte.

F i g u r a cubiformis eft.

D i v i s i o in 6. *fuperficies.*

Superficies superior, cribrosa est, & cavum cranii respicit.

———— *inferior*, in cavum narium prominet & turbinata est.

———— *anterior*, sinubus frontalibus contigua est.

———— *posterior*, ossi sphenoideo jungitur.

———— *laterales*, *dextra* & *sinistra* planæ sunt, papyraceæ quasi, & orbitæ partem internam constituunt.

PROMINENTIÆ EXTERNÆ & INTERNÆ sunt,

1. *Crista galli*, quæ superficiem internam in duas partes discernit, & processui falciformi duræ matris pro puncto adhæsionis inservit.

2. *Lamina cribrosa*, quæ duplex est, & internam ossis superficiem format.

3. *Lamina perpendicularis*, seu *septum ethmoidale*, quod a crista galli descendit, substantias cavernosas dividit, & in regione inferiori cum vomere connexum est.

4. *Substantia cavernosa*, in utroque latere laminæ perpendicularis una, quæ ex cellulis osseis constat & ossa *turbinata suprema* format.

5. *Plana papyracea*, quæ substantias cavernosas a latere tegunt, & orbitæ partem lateralem internam constituunt.

CAVITATES EXTERNÆ & INTERNÆ.

1. *Foramina cribrosa*, quæ plurima sunt juxta cristam galli in interna superficie, & transmittunt ramulos *nervorum olfactoriorum*.

2. *Foramen orbitale nafi*, quod in latere orbitæ interno eft, intra os frontis & tabulam papyraceam offis ethmoidei, atque *ramum nafalem nervi orbitalis* tranfmittit.

3. *Cavernulæ*, fubftantiæ cavernofæ, quæ finus pituitarios ethmoidales conftituunt.

CONNEXIO cum 7. offibus. 1. Cum offe *frontis.* 2. Cum offibus *nafi.* 3. Cum offibus *maxillaribus fuperioribus.* 4. Cum offibus *lachrymalibus.* 5. Cum offibus *palatinis.* 6. Cum offe *fphenoideo.* 7. Cum offe *vomere.*

DE OSSIBUS FACIEI GENERATIM.

Facies in maxillam *fuperiorem* & *inferiorem* dividitur.

MAXILLA SUPERIOR 13. conftat offibus, quæ partim cum cranio, partim inter fe ipfa, per varias harmonias, connectuntur.

HARMONIÆ faciei maxime vifibiles funt,

1. *Harmonia transverfalis*, quæ fub fronte in externo unius orbitæ angulo incipit & transverfim per orbitam, radicem nafi, ad alterius orbitæ angulum externum pergit.

2. *Harmonia nafalis*, quæ offa nafi &

3. *Harmonia zygomatica*, quæ proceffus zygomaticos jungit.

4. *Harmonia palatina*, quæ in palato confpicua; offa maxillaria fuperiora & offa palatina unit.

C ‡

OSSA MAXILLARIA SUPERIORA.

Situs in parte anteriori & media faciei.

Figura est irregularis. ·

Divisio in *corpus*, quod pars media est, & multos *processus*.

Prominentiæ externæ & internæ sunt,

1. *Apophysis nasalis*, quæ partem lateralem nasi efficit.

2. *Apophysis orbitalis*, quæ inferiorem orbitæ partem constituit.

3. *Apophysis jugalis*, quæ asperitas est, cum osse jugali connexa.

4. *Apophysis palatina*, quæ anteriorem palati partem constituit.

5. *Arcus alveolaris*, qui in utroque osse ex 8. alveolis constat.

6. *Tuberositas maxillaris*, quæ superficiem posticam facit. ·

7. *Spina nasalis*, quæ interius in nasi cavo, a connexione ossium maxillarium, formatur.

8. *Margo orbitalis*, qui inferiorem marginem orbitæ constituit.

Cavitates internæ & externæ.

1. *Fossa lachrymalis*, seu sulcus in superiori & interna parte processus nasalis, pro situ sacci lachrymalis.

2. *Canalis nasalis*, qui a fossa lachrymali oblique parum descendit in cavum narium.

3. *Canalis infraorbitalis*, qui apertus in inferiori orbitæ parte incipit, dein tectus sub apophysi orbitali pergit & sub margine orbitali inferiori in faciem aperitur. Transmittit *nervum infraorbitalem*, qui continuatio nervi maxillaris superioris est.

4. *Foramen palatinum anticum*, quod in spina nasali est, & *arteriam palatinam anticam* transmittit.

5. *Foramen palatinum posticum*, retro ultimum dentem molarem, in tuberositate maxillari, qui *nervum alveolarem* intromittit.

6. *Foramina* parva in tuberositate, per quæ *nervi alveolares* ab infraorbitali intrant.

7. *Impressio palatina*, locus, cui pars pterygoidea ossis palatini adhæret.

8. *Apertura sinus maxillaris*, quæ ab osse ethmoideo, lachrymali, palatino & spongioso inferiori adeo tegitur, ut vix calamum scriptorium admittat.

Sinus maxillaris pituitarius, qui in medietate ossis est, & *Antrum Highmori* vocatur. Magna est cavitas, quæ suo orificio, seu apertura in cavum narium hiat.

CONNEXIO cum 11. ossibus, partim per *suturas*, partim per *harmonias*. 1. Cum suo socio. 2. Cum osse *frontali*. 3. Cum ossibus *nasi*. 4. Cum ossibus *lachrymalibus*. 5. Cum osse ethmoideo. 6. Cum ossibus *jugalibus*. 7. Cum ossibus *palatinis*. 8. Cum osse *sphenoi-*

deo. 9. Cum offibus *fpongiofis inferioribus.*
  10. Cum offe *vomere.* 11. Cum *dentibus.*

U s u s. Format partem faciei, palati, nafi, narium,
  & orbitæ. Eft fimul organum mafticationis.

OSSA JUGALIA.

S i t u s ad latera faciei.

F i g u r a fere quadrata.

D i v i s i o in *fuperficiem externam,* quæ convexa eft,
  in *fuperficiem pofteriorem,* quæ foveam
  zigomaticam format.
  in *corpus* & 4. *apophyfes.*

P r o m i n e n t i æ funt,

 1. *Apophyfis frontalis,* quæ cum offe frontali
  in externo orbitæ angulo conneĉtitur.

 2. ——— *orbitalis,* quæ partem orbitæ conftituit.

 3. ——— *maxillaris,* quæ offi maxillari contigua eft.

 4. ——— *zygomatica,* quæ cum proceffu
  zygomatico offis temporalis connexa, *zy-*
  goma conftituit.

C a v i t a t e s funt,

 1. *Fovea zygomatica,* quæ retro os jugale eft.

 2. *Foramina* in externa & orbitali fuperficie,
  per quæ *nervi fubcutanei* malæ exeunt.

C o n n e x i o cum 4. offibus. 1. Cum offe *frontis.*

 2. Cum offe *maxillari.* 3. Cum offe *fphenoideo.*

 4. Cum offe *temporali.*

U s u s eft pro formatione faciei & orbitæ.

OSSA NASI.

SITUS in parte superiori & media nasi.

FIGURA, quæ oblongum quadratum est.

DIVISIO in *superficiem externam*, & *internam*. Et in 4. *margines*.

> *Margo superior* crassus est & ossi frontali contiguus.

>> —— *inferior* tenuis & serratus est, atque cum cartilagine conjunctus.

>> —— *internus* cum suo socio connexus est, & inferius apophysi perpendiculari ossis ethmoidei incumbit.

>> —— *externus* apophysi nasali ossis maxillaris occurrit.

CONNEXIO cum 4. ossibus. 1. Cum suo *socio* 2. Cum osse *frontali*. 3. Cum osse *maxillari*. 4. Cum osse *ethmoideo*.

USUS: Constituit nasum & tegit organum odoratus.

OSSA LACHRYMALIA.

SITUS in angulo interno orbitæ,

FIGURA quadrata cum ungue fere conveniens.

DIVISIO in *superficiem externam*, quæ concava est & orbitam respicit,

> in *superficiem internam*, quæ convexa, labyrinthum ossis etmoidei tegit.

> in 4. *margines*.

> *Margo superior*, cum osse frontali,

>> —— *inferior*, cum osse maxillari cohæret.

Margo internus cum apophysi papyracea
ossis ethmoidei, &

────── *externus* cum apophysi nasali ossis
maxillaris conjungitur.

CAVITATES.

1. *Sulcus medius* in margine externo, qui cum
sulco medio apophysis nasalis ossis maxillaris *fossam lachrymalem* constituit.

CONNEXIO cum 4. ossibus. 1. Cum osse *frontali*.
2. Cum osse *maxillari*. 3. Cum osse *ethmoideo*.
4. Cum osse *spongioso inferiori*.

USUS. Constituit Partem orbitæ, fossæ lachymalis,
& labyrinthum narium obtegit.

OSSA SPONGIOSA INFERIORA.

SITUS in parte laterali & inferiori narium.

FIGURA, quæ cochlidi, seu turbini similis fere est.

DIVISIO in *superficiem externam*, quæ concava sinum maxillarem respicit.

in *superficiem internam*, quæ convexa
septo nasi obversa est.

in *duos margines*.

MARGO *superior* tenuis est, ac eminentiæ transver-
sali ossis maxillaris adhæret.

────── *inferior* crassus est, ac libere in cavitate nasi
pendet.

in duas *extremitates*.

EXTREMITAS *anterior* crassior;

────── *posterior* acutior est.

CAVITATES.

Cavitas cochlidea, in superficie externa, seu concava ossis.

CONNEXIO cum 3. ossibus per harmonias. 1. Cum osse maxillari. 2. Cum osse palatino. 3. Cum osse lachrymali.

USUS. Superficiem organi odoratus augmentat.
   Aperturam antri hygmoriani angustare juvat.

OSSA PALATINA.

SITUS in posteriori parte nasi, ex qua lateraliter in orbitam usque ascendit.

FIGURA est irregularis.

DIVISIO in tres partes.
   1. in partem palatinam.
   2. —— —— nasalem.
   3. —— —— orbitalem.

PROMINENTIÆ.
   1. Apophysis pterygoidea, quæ acuta est, ac ope incisuræ cum extremitate apophysis pterygoideæ ossis sphenoidalis, & tuberositate ossis maxillaris conjungitur.
   2. Apophysis orbitalis, est pars superior, quæ in fundum orbitæ prominet.
   3. Linea eminens, in superficie partis nasalis, cui extremitas posterior ossis spongiosi inferioris incumbit.

CONNEXIO cum 6. ossibus. 1. Cum suo socio. 2. Cum osse maxillari. 3. Cum osse sphenoidali.

4. Cum offe *ethmoideo.* 5. Cum offe *fpongiofo inferiori.* 6. Cum offe *vomere.*

Usus. Format palatum, cavitatem nafi, orbitæ partem.

VOMER.

Situs in medietáte cavi narium, quod in duas partes dividit.

Figura, quæ fpeciem vomeris refert.

Divisio in duas *fuperficies* & 4. *margines.*

> *Superficies dextra & finiftra,* cavitates narium refpiciunt.
>
> *Margo anterior,* quafi in duas lamellas divifus, cui cartilago fepti narium offis ethmoidei & feptum cartilagineum nafi adnectitur.
>
> *Margo posterior* eft acutus, liber fauces refpicit.
>
> *Margo fuperior,* qui fuo fulco fpinam fphenoidalem recipit.
>
> *Margo inferior,* qui in fulco offium paláti & maxillarium recipitur.

Connexio cum 4. offibus & una cartilagine.

> 1. Cum offe *fphenoidali.* 2. Cum offe *ethmoideo.* 3. Cum offe *maxillari fuperiori.* 4. Cum offe *palatino.* 5. Cum *cartilagine fepti narium.*

Usus. Suftinet & dividit cavum narium.

MAXILLA INFERIOR.

Situs in inferiori & anteriori parte faciei.

Figura foleæ equinæ fimilis dicitur.

Divisio in *fuperficiem internam* & *externam.*
> in *marginem fuperiorem* & *inferiorem.*

DIVISIO in *corpus*, feu partem mediam & *extremitates*.

PROMINENTIÆ.

1. *Apophyfis condyloidea* , quæ latum caput cum angufto collo refert, oblique fita eft, & fovea articulari offis temporum excipitur.

2. *Apophyfis coronoidea*, quæ anterior eft , & acuminata , atque tendini mufculi temporalis pro adhæfione infervit.

3. *Symphyfis maxillæ*, eft linea eminens in medietate corporis, quæ pars etiam *mentum* vocatur.

4. *Margo alveolaris*, qui fuperior eft & 16. alveolos habet.

5. *Margo inferior*, qui *labium externum* & *internum* format.

6. *Anguli* maxillæ, qui in extremitatibus marginis inferioris funt.

7. *Spina mentalis externa* & *interna*, quæ lineæ eminentes funt in medio menti externo, & interno confpicuæ.

CAVITATES.

1. *Excifura femilunaris*, quæ inter apophyfim condyloideam & coronoideam eft.

2. *Foramen maxillare pofterius*, in interna fuperficie menti.

3. *Foramen maxillare anterius*, in externa menti fuperficie.

4. *Canalis mentalis*, qui in offis fubftantia fub dentibus a foramine maxillari pofteriori ad an-

terius pergit & *nervum maxillarem inferio-*
rem cum *arteria* '& *vena* tranfmittit.

5. *Alveoli dentium* 16. in fuperiori margine
maxillæ.

CONNEXIO cum fovea articulari offis *temporis* per
arthrodiam, & cum offe *hyoideo* per fyffarcofim.

USUS. Eft mafticationis & loquelæ organum.

DE CAVITATIBUS FACIEI IN SPECIE.

Præter cavitatem cranii quinque aliæ cavitates in capite ab offibus cranii & faciei formantur.

1. *Orbitæ.*
2. *Cavitas narium.*
3. *Cavitas oris.*
4. *Cavitas faucium.*
5. *Cavitas auditus.*

ORBITÆ.

SITUS fub fronte ad latera radicis nifi.

FIGURA eft conoidea.

DIVISIO in *introitum & fundum.*

Introitus dividitur.

in *marginem fuperiorem & inferiorem.*

in *angulum externum*, qui latior,

in *internum*, qui minor eft.

Anguli orbitæ etiam *canthi* vocantur.

CAVITATES in orbita funt,

1. *Fovea* glandulæ lachrymalis, fub offe frontis,
in externo angulo orbitæ.

2. *Fovea trochleæ orbitalis*, in offis frontis interno angulo.

3. *Foffa*

3. *Fossa lachrymalis* in interno angulo ab osse lachrymali, & processu nasali ossis maxillaris constituitur, & est pro situ *sacci lachrymalis.*

4. *Canalis nasalis lachrymarum*, est continuatio fossæ lachrymalis, pergit oblique in nares & ibi sub osse spongioso inferiori aperitur.

5. *Rima orbitalis superior*, in fundo orbitæ in osse sphenoidali est. Admittit in orbitam *tertium, quartum, quinti paris primum ramum*, & *sextum* par nervorum, & *arteriam orbitalem internam.*

6. *Rima orbitalis inferior*, seu *sphenomaxillaris*, quæ non tantum ab osse sphenoideo, & maxillari, sed etiam palatino & jugali formatur, in externa, & inferiore orbitæ parte reperiunda est, atque *nervos*, & *vasa* transmittit.

7. *Foramen superciliare*, quod sæpe duplex, sæpe incisura est in medietate arcus, seu marginis superioris orbitæ, atque *nervum frontalem* transmittit.

8. *Canalis infraorbitalis*, in inferiore parte orbitæ semiapertus incipit, sub orbita pergit extrorsum, & sub inferiore orbitæ margine in osse maxillari aperitur. Continet *nervum infraorbitalem.*

9. *Foramen nasale* orbitæ, in parte interna orbitæ inter os planum, & frontis, per quod

D

nasalis ramus nervi ophthalmici in nares abit.

10. *Foramen opticum* in fundo orbitæ, offi fphenoidali infculptum, quod *nervum opticum* in orbitam admittit.

COMPOSITIO orbitæ ex 7. offibus, quæ ope futurarum & harmoniarum connectuntur.

Superius ex offe *frontis.*

Inferius ex offe *maxillari*, & *jugali.*

Interius ex offe *lachrymali, ethmoideo,* & *palatino.*

Exterius, & in fundo ex offe *fphenoideo.*

USUS continet, & defendit oculum, ejusque partes adjacentes.

CAVITAS NARIUM.

SITUS. Sub antica cranii parte in medietate faciei.

DIVISIO mediante fepto offeo in *dexteram,* & *finiftram cavitatem.*

FIGURA pyramidalis eft, finubus pituitariis amplificata.

PROMINENTIÆ funt,

1. *Septum narium,* quod a vomere, & lamina perpendiculari offis ethmoidei conftituitur.

2. *Offium fpongioforum* tria paria.

   fuprema &

   media, quæ ambo funt partes labyrynthi ethmoidalis.

   inferiora, quæ feparata funt.

CAVITATES funt,

    1. *Sinuum pituitariorum* tria paria.
       Sinus frontales in offe frontali.
       — *fphenoidales* in offe fphenoidali.
       Sinus maxillares, qui etiam *Antra High-*
       mori vocantur, & in offibus maxillari-
       bus deprehenduntur.

    2. *Cavernulæ labyrinthi ethmoidalis*, quæ ab
       offe ethmoideo formantur.

    3. *Foramina narium antica*, quæ ab offe ma-
       xillari, & vomere

    4. *Foramina narium poftica*, quæ ab offibus pa-
       latinis, & vomere formantur.

    5. *Ductus nafalis* facci lachrymalis.

    6. *Foramina fphenopalatina* inter os fphenoi-
       deum, & palatinum.

    7. *Foramen palatinum anticum* intra comiffu-
       ram offium maxillarium.

COMPOSITIO nafi ex 14. offibus, quæ medianti-
       bus futuris, & harmoniis cohærent.

    1. Ex offe *frontis.*
    2. Ex offibus *maxillaribus.*
    3. —— —— *nafi.*
    4. —— —— *lachrymalibus.*
    5. —— —— *fpongiofis inferioribus.*
    6. —— offe *fphenoideo.*
    7. —— —— *vomere.*
    8. —— —— *ethmoideo.*
    9. —— offibus *palatinis.*

Usus eſt, ut *formetur* organum odoratus, atque ſinus pituitarii narium. *Inſervit* etiam loquelæ, & reſpirationi.

CAVUM ORIS.

Situs. Intra ſuperiorem, & inferiorem maxillam.

Figura anterius ovata, poſterius tranſverſim abſciſſa.

Divisio in *maxillam ſuperiorem, & inferiorem.*

Compositio cavi oris ex 5. oſſibus & 32. dentibus.

    1. Ex oſſibus *maxillaribus ſuperioribus.*

    2. —— —— *palatinis.*

    3. — *maxilla inferiori.*

Usus hujus cavi eſt pro maſticatione, loquela, reſpiratione.

DENTES.

Situs. Sunt oſſicula parva alveolis maxillarum infixa.

Numerus. Ordinarie 32. ſunt; in qualibet maxilla 16.

Divisio in tres ſpecies.

    in 4. medios, qui *inciſivi* dicuntur.

    — 2. *caninos,* quorum ſingulus, ad latus inciſorum eſt.

    — 10. *molares,* quorum in ſingulo latere 5. ſunt.

Divisio cujuslibet dentis eſt,

    in *coronam,* quæ pars ſuprema dentis extra gingivas prominens eſt.

    collum, circulus inter coronam, & radicem.

    radicem, pars inferior dentis alveolo abſcondita.

Differentia coronarum.

Coronæ dentium incisorum, funt latæ, tenues. & habent marginem fuperiorem acutum.

———— *dentium caninorum* funt craffæ, & apicem habent obtufum, fere triquetrum.

———— *dentium molarium* funt adhuc craffiores & margo fuperior eft pluribus eminentiis fcaber.

Differentia radicum.

Radices dentium incisorum funt fimplices, tenues.

———— *caninorum* funt etiam fimplices fed longiores, & craffiores quam in incisoribus.

———— *molarium* funt in primo fimplices in cæteris autem duplices, triplices, quadruplices, quæ fubinde concretæ funt.

Cavitas dentis. In radice qualibet *foramen* eft quod in parvam *cavitatem*, quæ in dentis fubftantia interna eft, ducit. Per hoc foramen intrat *nervus, arteria, vena alveolaris, & periofteum internum* dentis.

Substantia dentis in *radice*, & interius in corpore compacta eft. *Coronæ* fuperficies externa peculiari fubftantia duriffima, & albiffima, quæ *vitrea* vocatur, & loco perioftei externi eft, obducitur.

Connexio. Radices dentium alveolis per gomphofim, feu inclavationem infiguntur, atque fimul

elastica gingiva, circa collum coronæ circumda-
tæ, in situ firmantur.

Usus est ad *masticationem*, & ad *pronunciationem*
syllabarum dentalium,

Genesis dentium. Fœtus duplicem seriem dentium in qualibet maxilla gingivis occultam habet.

Tempus primæ dentitionis est sexto, &
septimo post partum Mense, dum prima dentium
series gingivas perforare, & emergere incipit.
Primum dentes *incisorii*, dein *canini*, ac sensim tandem *molares*. Prima hæc dentium series
nomine *dentium primariorum*, seu *lactariorum*
insignitur.

Tempus secundæ dentitionis. Circa septimum ætatis annum lactarii dentes sensim exci-
dunt, & sensim novi ex iisdem alveolis subna-
scuntur, hi vocantur *dentes secundarii*, seu *peren-
nes*, quia per vitam durant. Ultimi dentes molares admodum sero in adulta jam ætate pro-
deunt, ideo *dentes sapientiæ* etiam dicuntur.

C A V I T A S   F A U C I U M.

Situs. Sub basi cranii intra corpora superiora vertebrarum colli, & posticam narium partem.

Figura est superius quasi quadrata.

Divisio in 6. partes.

in *supremam*, quæ a processu basilari ossis occipitis,

in *anticam* , quæ ab *apophyfibus pterygoideis* offis fphenoidalis , offibus *palatinis* & *vomere* formatur.

in *pofticam*, quæ a tribus fupremis vertebrarum colli corporibus ,

in *infimam*, quæ ab offe hyoideo conftituitur.

in duas *partes laterales*, quæ ab offis temporis partibus petrofis formantur.

COMPOSITIO ergo eft ex hifce 10. offibus.

USUS eft pro fitu faucium, laryngis, pharyngis , offis hyoidis.

OS HYOIDEUM.

SITUS. In faucibus intra linguæ bafim, & laryngem.

FIGURA eft femilunaris.

DIVISIO in *corpus*, & *cornua.*

Corpus eft pars media lata, quæ *externam* , & *internam fuperficiem*

Marginem fuperiorem, & *inferiorem* habet.

PROMINENTIÆ funt.

1. Duo *cornua majora*, quæ a lateribus corporis exeunt , & cum cornubus cartilaginis fcutiformis laryngis, ope ligamentorum cohærent.

2. Duo *cornua minora*, quæ etiam *officula triticea* vocantur, & ad ortum cornuum majorum a corpore offis locantur.

CONNEXIO cum 6. partibus, vel per mufculos , vel per ligamenta. 1. Cum *lingua.* 2. Cum *laryngis* proceffibus. 3. Cum *proceffibus ftyloideis*

D 4

.ossis temporis. 4. Cum *maxilla inferiori.* 5. Cum *scapula.* 6. Cum *sterno.*

Usus. *Inservit* linguæ pro fundamento adhæsionis, pro deglutitione, pro adhæsione multorum musculorum.

CAVITAS AUDITUS.

Situs est interne in parte petrosa ossis temporis.

Divisio in *meatum auditorium externum,*

— *cavitatem tympani,*

— *labyrinthum,*

— *meatum auditorium internum.*

Meatus auditorius externus est curvus canalis osseus, qui a concha externa auriculæ ad membranam tympani pergit, & peculiari sulco, cui tympani membrana adhæret, finitur.

Cavitas tympani, est cavitas irregularis, quæ retro tympanum incipit, & ad cochleam labyrinthi terminatur.

In cavitate tympani notari debent 4. foramina.

1. *Orificium tubæ Eustachianæ,* quod in antica vestibuli parte deprehenditur.

2. *Sinuositas mastoidea,* in quam cellulæ apophysis mastoideæ hiant, magis retrorsum invenitur.

3. *Fenestra ovalis,* est foramen semiovale, quod in postica cavitatis tympani parte superius, &

4. *Feneftra rotunda ,* eft foramen rotundum , quod etiam in poftica cavitatis tympani parte, fed feneftra ovali inferius pofita eft.

LABYRINTHUS. Eft pars auris internæ, quæ retro tympani cavitatem locatur.

Conftat ex tribus partibus

anterius ex *cochlea.*

in medio ex *veftibulo* &

pofterius ex *canalibus femicircularibus.*

COCHLEA eft pars cava cochleæ fimilis, quæ ex duobus & medio gyro formatur. In ea notantur:

1. *Bafis* & *apex* cochleæ.

2. *Modiolus,* qui medius nucleus cochleæ eft, & a bafi ad apicem cochleæ furgit.

3. *Scala veftibuli,* eft cavitas cochleæ anterior, quæ a veftibulo incipit , & per cochleam pergit.

4. *Scala tympani,* eft cavitas cochleæ pofterior, hæc a feneftra rotunda originem ducit. Finis harum fcalarum eft in apice modioli.

5. *Lamina fpiralis ,* eft tenuis lamina offea , quæ cochleam in duas cavitates dividit.

VESTIBULUM eft cavitas rotunda, inter cochleam & canales femicirculares media. In eo funt

Foramen ovale, quo veftibulum cum cavitate tympani communicat.

6. *Orificia canalium femicircularium.* Quælibet extremitas canalium femicircularium orificium habet , extremitas autem inferior ca-

nalis superioris conjungitur cum extremitate superiore canalis inferioris in commune orificium.

CANALES SEMICIRCULARES sunt tres arcus cavi, semicircu'ares, in medio angustiores, ad orificia vero latiores, qui in parte postica labyrinthi locantur & 5. orificiis in vestibulum aperiuntur. Nempe

> *Canalis superior*
> ——— *inferior*
> ——— *medius*, qui situ est *anterior*.

MEATUS AUDITORIUS INTERNUS, est canalis osseus, qui in superficie interna, & postica portionis petrosæ ossis temporum incipit, & in suo cæco fine dua foramina exhibet.

Foramen superius, est initium *aquæductus Fallopii*, qui transversus retro tympani cavum flexus, suo fine in foramine stylomastoideo finitur; huncce canalem *portio dura* nervi auditorii transit.

Foramen inferius, quod in sinu meatus auditorii est, congeriem multorum foraminum exhibet, quæ versus vestibulum, & cochleam ducunt, atque *portionem mollem* nervi auditorii transmittunt.

USUS. Cavitas auditus est organum, in quo auditus fit.

OSSICULA AUDITUS.

SITUS. In cavitate tympani.

NUMERO funt 4. nempe
   Malleus
   Incus
   Stapes &
   Os orbiculare.

MALLEUS, in eo notatur *caput, collum, manubrium, apophyſis colli,* & *apophyſis tenuiſſima.*

INCUS, in quo *corpus* & 2. *crura, longius,* & *brevius* conſpiciuntur.

STAPES, in quo *caput,* 2. *crura* ſtapedis & *baſis* eſt.

OS ORBICULARE, quod minimum eſt os totius corporis, & duas ſuperficies convexas habet.

CONNEXIO, & ſitus horum oſſiculorum. 1. *Manubrium mallei* tympano accreſcit. *Caput mallei* cum capite incudis conjungitur. 2. *Incudis* cruri longo os orbiculare adnectitur, & 3. *Oſſi orbiculari* jungitur caput ſtapedis. 4. *Stapes* ſua lata baſi jungitur feneſtræ ovali.

SUBSTANTIA horum oſſiculorum compacta eſt.
USUS eſt ad auditum.

DE TRUNCO.

TRUNCUS ſceleti dividitur in *ſpinam*
                     thoracem &
                     pelvem.

SPINA DORSI.

SITUS. Eſt columna oſſea, quæ in poſtica trunci parte a foramine occipitali magno ad os ſacrum uſque extenditur.

FIGURA eſt litteræ S fere ſimilis, in collo introrſum,
in thorace extrorſum, in lumbis introrſum aliquantum flectitur.

COMPOSITIO. Ex 24. vertebris.

DIVISIO VERTEBRARUM eſt in 7. *vertebras colli:*
12. vertebras dorſi.
5. vertebras lum-
borum.

DIVISIO SINGULÆ VERTEBRÆ eſt in *corpus*,
& 7. *apophyſes.*

Corpus eſt pars craſſa, quæ anticam partem vertebræ conſtituit.

APOPHYSES 7. ſunt,
1. *Apophyſis ſpinoſa*; quæ in parte poſtica
eminet.
2. Duæ *apophyſes articulares*, ſeu *obliquæ ſu-*
periores.
3. Duæ *apophyſes articulares*, ſeu *obliquæ in-*
feriores.
4. Duæ *apophyſes transverſæ*, quæ ad latera
ſunt, &, ut apophyſis ſpinoſa, muſculorum
inſertioni inſerviunt.

CAVITATES ſunt,
1. *Specus vertebralis*, quæ *medullam ſpinalem*
continet, & ab occipite ad poſticam ſuperficiem oſſis ſacri usque extenditur.
2. *Foramina lateralia vertebrarum*, quorum 24.
ſunt, in quolibet corpore vertebrali medium. Hæc nervos ſpinales emittunt.

CONNEXIO vertebrarum eft duplex. 1. *Corpora* invicem per Synchondrofim. 2. *Apophyfes oblí-
quæ*, feu *articulares* unius vertebræ cum apophyfibus obliquis fuæ vertebræ fociæ per arthrodiam, connectuntur.

SUBSTANTIA eft in corpore fpongiofa, in apophyfibus compacta.

USUS fpinæ dorfi eft, ut fit fulcrum trunci & capitis, ut contineat, & defendat medullam fpi-
nalem.

VERTEBRA PRIMA COLLI.

Hæc vocatur etiam *Atlas*, & hoc peculiare habet.
1. Nec corpus, nec apophyfim fpinofam habet.
2. Eorum loco *arcum* anteriorem, & pofteriorem format.
3. *Arcus anterior* proceffum dentiformem, feu
odontoideum vertebræ fecundæ circumdat.
4. Loco apophyfium obliquarum fuperiorum
duos *finus* fuperficiales habet, quæ *articulares* vocantur, & condylos offis occipitis
excipiunt.
5. Superius cum capite, inferius cum fecunda
vertebra colli ope apophyfium obliquarum
inferiorum, & proceffus odontoidei cohæret.

VERTEBRA SECUNDA COLLI.

Hæc etiam *axis*, feu *Epiftropheus* dicitur. Peculiare
illi eft.

1. *Apophyſis odontoidea*, ſeu *dentiformis* in parte ſuperiore corporis, quæ intra arcum anteriorem atlantis ope ligamenti transverſalis in ſitu retinetur, & alio ligamento ad foramen occipitale magnum firmatur.

VERTEBRÆ COLLI.

Hoc peculiare habent,

1. Quod *apophyſes ſpinoſæ* bifidæ ſint in apicibus, & a vertebra deorſum flectantur.

2. Quod *apophyſes transverſæ* omnes peculiare habeant *foramen* pro aſcendentibus arteriis vertebralibus.

VERTEBRÆ DORSI.

Hoc peculiare in illis eſt.

1. Ad latera corporum *media fovea*, quae corporibus duobus junctis *integram* conſtituunt pro articulatione capitulorum majorum coſtarum.

2. *Superficialis fovea* in apicibus apophyſium tranſverſarum pro capitulo minori coſtarum.

3. *Apophyſes ſpinoſæ* ſunt multum deorſum flexæ.

VERTEBRÆ LUMBORUM.

Peculiare habent,

1. Quod eorum *corpora*, & *apophyſes* maximum volumen habeant.

2. *Apophyſes ſpinoſæ* recta poſtrorſum eminent.

3. *Ultima vertebra* lumborum cum offis facri corpore, & apophyfibus obliquis afcendentibus cohæret.

4. Maxima fpinæ dorfi *mobilitas* eft inter ultimam yertebram dorfi, & primam lumborum.

DE CAVITATE THORACIS.

Situs eft intra collum, abdomen.

Figura eft fere caveæ aviculari fimilis, fuperius angufta inferius latior. Ad latera *convexam*, anterius *planam*, pofterius juxta longitudinem *cavam* habet *fuperficiem*.

Compositio ex 37. offibus.

  12. *Vertebris* dorfi.

  24. *Coftis.*

  1. *Sterno.*

Usus. Continet, & defendit vifcera vitalia. Infervit refpirationi.

C O S T Æ.

Situs eft obliquus a vertebris dorfi ad fternum.

Figura eft femicircularis.

Numerus. Sunt 24. in quolibet latere 12.

Divisio generalis in 7. *veras*, quæ ad fternum nectuntur.

  in 5. *fpurias*, quæ ad fternum ufque non pertingunt.

Divisio *fingulæ coftæ* in corpus, & *extremitates,* unam *anteriorem* alteram *pofteriorem.*

in *superficiem externam, & internam.*

in *marginem superiorem,* & *inferiorem.*

EMINENTIÆ.

1. *Capitulum majus*, quod foveis articularibus vertebrarum dorsi nectitur.

2. *Collum*, quod intra duo capitula hæret.

3. *Capitulum minus*, quod apicibus apophysium transversalium vertebrarum dorsi adhæret.

4. *Angulus costæ*, qui pars posterior maxime convexa costæ est.

CAVITATES sunt in qualibet costa.

1. *Sulcus longitudinalis* in margine inferiore cujuslibet costæ, qui *arteriam intercostalem* recipit.

SUBSTANTIA. Pars anterior *cartilaginea*, reliqua tota ossea, & *compacta* est.

CONNEXIO. *Extremitas anterior* costarum verarum per synchondrosim cum sterno nectitur.

Extremitas anterior superiorum trium costarum spuriarum ope cartilaginum sibi invicem & ultimæ costæ veræ adhærent.

Extremitates anteriores duarum infimarum costarum, quæ breves sunt, libere fluctuant.

Extremitates posteriores omnium 24. costarum ope capituli majoris, & minoris vertebris dorsi per ginglymum alligantur.

USUS costarum est, formare thoracem, inservire respirationi, defendere viscera vitalia, mammis adhas onemdare.

STERNUM.

STERNUM.

Situs. In antica thoracis parte inter costas veras.

Figura pugioni aliquantum similis.

Divisio in *superficiem internam*, & *externam.*

in *extremitatem superiorem*, & *inferiorem.*

in *margines* duos laterales.

in *portionem superiorem*, *inferiorem*, & *apendicem.*

Prominentia est una.

I. *Cartylago xyphoidea*, seu *ensiformis* in parte infima sterni.

Cavitates in parte superiori,

1. *Sinus jugularis* in partis supremæ medio, cui *trachea* contigua est.

2. Duo *finus claviculares* ad latera partis supremæ, quibus claviculæ nectuntur.

3. 7 *Foveæ costales* in margine laterali pro costis

Connexio. sterni.

1. Cum *claviculis* per arthrodiam.

2. Cum *cartilaginibus* 7. costarum verarum per synchondrosim.

Substantia est admodum spongiosa.

Usus est formare thoracem, mediastino dare adhæsionem.

DE CAVITATE PELVIS.

Situs. In infima trunci regione.

Figura aliquantum pelvi tonsoriæ similis.

Divisio in *alas*, & *cavitatem.*

Cavitas in *introitum*, & *exitum.*

E

COMPOSITIO ex 4. offibus.

> ex duobus offibus *innominatis.*
> ex offe *facro* &
> ex offe *coccygis.*

CONNEXIO offium pelvis eft per fynchondrofim.

> I. *Os facrum*, quod ad *latera* cum offibus in-
> nominatis,
> *fuperius* cum ultima vertebra lumbali,
> *inferius* cum offe coccygis cohæret.

> 2. *Offa pubis* anterius fibi invicem per fynchon-
> drofim ligamentofam concrefcunt.

USUS pelvis eft continere, & defendere organa ge-
> nerationis, veficam, inteftinum rectum. At-
> que fulcire fpinam dorfi.

O S S A I N N O M I N A T A.

SITUS. Eft ad latera pelvis.

FIGURA eft irregularis.

DIVISIO in fœtu in tres *portiones*

> in os *ilei*, quod partem fuperiorem con-
> ftituit.
> — os *ifchii*, quod inferius.
> — os *pubis*, quod interius locatur.

DIVISIO totius offis in *fuperficiem externam*, &
> *internam.*

EMINENTIÆ funt,

> 1. *Tuberofitas ilei*, quæ in parte poftica offis
> ilei eft, quo loco cum offe facro cohæret.

> 2. *Crifta* ilei, quæ marginem fupremum, &
> craffum offis ilei format, &

3. *Spina* ilei *posterior*, quæ initium cristæ ilei in parte postica est.

4. *Spina* ilei *anterior*, & *superior*, est finis cristæ in parte antica.

5. *Spina* ilei *anterior*, & *inferior*, est statim sub priori spina.

6. *Spina ischii*, est in inferiore margine ossis innominati.

7. *Crista ossium pubis*, quæ marginem superiorem ossium pubis constituit.

8. *Arcus* ossium pubis sunt in antica ossis innominati parte.

9. *Tuberositas* ischii, est in inferiore margine ossis, cui loco insidemus.

10. *Linea* mediana, ossis ilei, quæ marginem lateralem cavitatis pelvis efficit.

CAVITATES.

1. *Cavitas iliaca externa*, quæ in externa ossis ilei superficie.

2. *Cavitas iliaca interna*, quæ in interna hujus ossis superficie est.

3. *Excisura* inter spinas ilei anteriores.

4. *Excisura ischiadica anterior*, quæ ante

5. *Excisura ischiadica posterior*, quæ retro spinam ischii est.

6. *Acetabulum*, quod ab omnibus 3. portionibus ossis innominati formatur, & caput ossis femoris excipit.

7. *Fovea acetabuli*, quæ in fundo acetabuli eft glandulam *fynovialem*, àtque *ligamentum teres* femoris continet.

8. *Foramen ovale*, quod ab arcu offis pubis , & ifchii formatur.

Connexio offium *pubis* inter fe per fimphyfim cartilagineam. Offium *ilei* cum offe *facro* per fynchondrofim. *Trium portionum* in acetabulo per öftcofim. Cum capite offis *femoris* per enarthrofim.

Usus eft conftituere pelvim, uterum gravidum retinere in fitu, pro femoribus acetabula parare.

OS SACRUM.

Situs. Eft in parte poftica.

Figura eft triangularis, antrorfum flexa.

Divisio in *fuperficiem anticam*, & *pofticam*.
— *bafim*, feu partem fupremam.
— *latera* &
— *apicem.*

Prominentiæ.

1. Duæ *apophyfes obliquæ fuperiores*, in bafi offis prominent.

2. *Tubercula apophyfium fpinofarum.*
3. ———— ———— *obliquarum*
4. ———— ———— *tranfverfalium*

} quæ omnia fuperficie poftica funt.

5. *Veftigia corporum vertebralium* in fuperficie interna confpicua funt.

CAVITATES.

1. 5 *Paria foraminum externorum*, quæ in externa fuperficie inveniuntur.

2. 5 *Paria foraminum internorum*, quæ *nervos facros* emittunt. Sunt in interna fuperficie offis.

3. *Canalis longitudinalis medius*, qui *nervos facros* continet, in poftica fuperficie eft confpicuus.

CONNEXIO cum 4. offibus. 1. Cum ultima *vertebra* lumbali. 2. Cum offe *coccygis*. 3. Cum *offibus innominatis*.

SUBSTANTIA eft tota fpongiofa, ex vertebris 5. quas *fpurias* vocant, coalitis.

USUS eft conftituere pelvim, fuftinere fpinam dorfi.

OS COCCYGIS.

SITUS. Eft in apice offis facri.

FIGURA eft triangularis.

DIVISIO in *bafim, latera, & apicem.* in *fuperficiem externam, & internam.*

COMPOSITIO ex 3. parvis vertebris *fpuriis* cartilagine coalitis.

CONNEXIO cum apice offis *facri* per fynchondrofim, cum offe *ifchii* per fynevrofam, feu ligamento ifchio - coccygea.

Usus eft conftituere pelvim, fuftinere inteftinum rectum, præcavere in partu rupturam perinæi.

EXTREMITATES SUPERIORES.

Situs. A parte laterali, & fuprema thoracis usque
ad femora pendent.

Divisio in *fummum humerum.*
                brachium.
                antibrachium.
                manum.

Compositio. Quælibet ex 32 offibus conftat.

Usus. Pro labore, & defenfione corporis organa
funt.

CLAVICULA.

Situs obliquus eft in fuprema, & laterali thoracis
parte inter fternum, & fcapulam.

Figura Eft litteræ S fimilis.

Divisio in *corpus*, & *extremitates*, unam *anteriorem*, alteram *pofteriorem.*

                in *fuperficiem fuperiorem*, & *inferiorem.*

Prominentiæ.

    Arcus anterior, qui convexus.

    Arcus pofterior, qui excavatus.

Cavitates.

    Sulcus vaforum fubclaviorum, qui in inferiore
        fuperficie eft.

CONNEXIO. Extremitas *anterior* cum *sterno*. Extremitas *posterior* cum *acromio* scapulæ per arthrodiam.

USUS est connectere scapulam, & humerum cum thorace, retinere scapulam, & humerum in situ, ne antrorsum cadant. Defendere vasa subclavia.

SCAPULA.

SITUS. Est in parte suprema, & laterali dorsi.

FIGURA est triangularis.

DIVISIO in duas *superficies*, quarum una *posterior* seu *externa*, altera *anterior*, seu *interna* est.

in tres *margines* in *superiorem*, in *externum*, & in *internum*.

in tres *angulos* in *superiorem externum*
——————— *internum* &
—— *inferiorem*.

PROMINENTIÆ.

1. *Labia* marginis externi, qui etiam *basis* scapulæ vocatur.

2. *Collum* scapulæ, quod angulum superiorem externum format, & locus sub cavitate articuli est.

3. *Spina*, est processus, qui superficiem posticam dividit.

4. *Acromium*, est pars anterior spinæ.

5. *Apophysis coracoidea*, quæ in parte antica, & superiori cavitatis articularis prominet.

E 4

CAVITATES.

1. *Cavitas articularis*, feu *glenoidea* in collo fcapulæ, quæ caput humeri excipit.

2. *Fovea acromii*, quæ cum clavicula cohæret.

3. *Cavitas fupraſpinata*, quæ fupra fpinam.

4. *Cavitas infraſpinata*, quæ infra fpinam fcapulæ in fuperficie poſtica eſt.

CONNEXIO cum 4. offibus. 1. Cum *clavicula* per arthrodiam. 2. Cum *coſtis* & 3. Cum *oſſe hyoide* per fyſſarcoſim, feu mufculos. 4. Cum *humero* per arthrodiam.

USUS eſt dorfum tegere, & defendere, humero articulationem, firmitatem, & nexum parare.

OS HUMERI.

SITUS. Eſt intra fcapulam, & antibrachium.

FIGURA eſt longa cylindrica.

DIVISIO in *corpus*, & *extremitates*. Unam *fuperiorem*, alteram *inferiorem*.

PROMINENTIÆ funt,

in *extremitate fuperiori*.

1. *Caput*.

2. *Collum*, ſpatium fub capite.

3. *Tuberculum majus*, quod fuperius.

4. *Tuberculum minus*, quod anterius fub collo capitis eſt.

in *extremitate inferiore.*

1. *Condylus externus*

2. ———— *internus*, qui pro adhæfione mufculorum extenforum, & flexorum digitorum funt.

3. ———— *capitatus*, pro articulo radii.

4. *Trochlea humeri*, pro articulatione cubiti.

CAVITATES in *extremitate fuperiori* funt,

1. *Sulcus* tuberculorum pro tendine uno mufculi bicipitis.

in *extremitate inferiori.*

1. *Foffa pofterior*, in inferiori extremitate pro
   proceffu anconeo cubiti.

2. — *anterior*, pro apophyfi coronoidea cubiti.

CONNEXIO cum 3. offibus. 1. Cum fovea articulari *fcapulæ* per arthrodiam. 2. Cum *cubito*
   per ginglymum. 3. Cum *radio* per ginglymum, & Trochoidem.

SUBSTANTIA eft triplex, in corpore compacta, in
   extremitatibus fpongiofa, interne reticularis.

USUS eft, ut conflituat brachium.

ANTIBRACHIUM.

Conftat duobus offibus. *Cubito* &
                        radio

CUBITUS.

Situs. In interno antibrachii latere verfus digitum minimum.

Figura eft longa, triangularis, fuperius craffior, quam inferius.

Divisio in *corpus*, & *extremitates*, quorum una *fuperior*, altera *inferior* eft.

Prominentiæ funt 6.

in *extremitate fuperiore*.

1. *Olecranum*, feu *proceffus anconeus*, qui pofterius.

2. *Apophyfis coronoidea*, quæ anterius eft.

3. *Tuberculum* mufculi brachiei interni, quod fub apophyfi coronoidea eft.

in *extremitate inferiore*.

4. *Capitulum inferius*, quod parum excavatum.

5. *Collum Capituli*, quod fub capitulo,

6. *Apophyfis ftyloidea*, quæ juxta capitulum eft.

Cavitates.

1. *Cavitas figmoidea*, quæ inter proceffum anconeum, & coronoideum eft, & trochleam humeri excipit.

2. ——— *lateralis* pro radio, quæ fub cavitate fygmoidea in interno latere extremitatis fuperioris eft.

3. *Fovea* capituli inferioris, quæ in ipfa capituli fuperficie eft.

Connexio cum 3. offibus. 1. Cum *trochlea humeri* per gynglimum. 2. Cum offibus *carpi* per arthrodiam. 3. Cum *radio* fuperius, & inferius per Trochoidem.

Usus. Conftituit fulcrum primarium antibrachii, infervit flexioni, pronationi, & fupinationi antibrachii.

RADIUS.

Situs. Eft in externo antibrachii latere verfus pollicem.

Figura eft longa, & cylindrica.

Divisio in *corpus*, & duas *extremitates.* Unam *fuperiorem*, alteram *inferiorem*, quæ craffior, quam fuperior eft.

Prominentiæ in *extremitate fuperiore.*

1. *Capitulum fuperius*, feu *excavatum*, quod cum condylo capitulo humeri articulatur.

2. *Collum* capituli, quod fub illo eft.

3. *Tuberculum* laterale, quod cubito adnectitur.

4. ——— mufculi bicipitis, quod fub collo capituli fuperioris eft.

5. *Apophyfis ftyloidea*, quæ in inferiori extremitate eft.

Cavitates in *inferiori extremitate.*

1. *Cavitas articularis*, quæ cum carpo articulatur.

2. *Sinus femilunaris*, feu *lateralis*, qui cubitum excipit.

CONNEXIO 1. Cum condylo capitato *humeri* per gynglimum. 2. Cum *eubito* fuperius, & inferus per trochoidem. 3. Cum offibus carpi, *naviculari*, *femilunari*, & *cuneiformi* per arthrodiam.

USUS eft, ut antibrachium conftituere juvet, ut flexioni, fupinationi, & pronationi ejus inferviat.

CARPUS.

CONSTITUITUR ex 8. officulis, quæ fibi in duplici ferie accumbunt.

SITUS eorum eft intra antibrachium, & metacarpum.

FIGURA totius carpi eft quadraa.

DIVISIO in *fuperficiem internam*, quæ concava, in *externam*, quæ convexa eft, & dorfo manus obverfa.

in 4. *margines* in *fuperiorem*, quæ antibrachio
— *inferiorem*, quæ metacarpo
— *externum*, quæ pollici
— *internum*, quæ digito minimo refpondet.

DIVISIO offium in duas *feries*, in *fuperiorem*, & *inferiorem*.

in *ferie fuperiori* funt a pollice ad digitum minimum
os *naviculare*.
— *femilunare*.

os *cuneiforme.*

— *fubrotundum.*

in *ferie inferiori* funt a pollice ad digitum minimum

os *multangulare majus.*

———————— *minus.*

— *capitatum.*

— *unciforme.*

METACARPUS.

SITUS. Eft inter carpum, & digitos.

FIGURA eft fere quadrata.

DIVISIO in *fuperficiem externam,* quæ *dorfum,* &
internam, quæ *volam* manus conftituit.

in 4. *margines, inferior,* qui digitis
fuperior, qui carpo
externus, qui pollici
internus, qui digito minimo
refpondet.

COMPOSITIO ex 5. offibus longitudinalibus.

Unum eft os *metacarpi pollicis.*

4 Sunt offa *metacarpi digitorum,* quorum *primum* longiffimum eft.

CONNEXIO eft triplex. 1. Cum *carpo* extremitas
fuperior per amphyarthrofim. 2. Cum *digitis*
extremitas inferior per arthrodiam. 3. Cum

offe *multangulari majori* os metacarpi pollicis per eandem cohæret.

Usus eft conftituere mediam partem manus.

DIGITI.

Situs. In extremitatibus inferioribus metacarpi.

Compositio. *Pollex* ex duobus.

Digiti ex tribus ofliculis conftant, quæ *phalanges* vocantur.

Divisio phalangum in *fupremam*, *mediam*,
extremam.

Usus eft conftituere digitos, qui inftrumenta tactus,
defenfionis, laboris funt.

EXTREMITATES INFERIORES.

Situs. A trunco pendent.

Divisio in *femur*

crus &

pedem extremum.

Compositio. Quælibet ex 30. offibus.

Usus. Corpus fuftinent, & loco movent.

FEMUR.

Situs. Intra pelvem, & tibiam aliquantum oblique
introrfum.

Figura. Eft maximum, & longiffimum totius corporis os, & eft cylindricum.

DIVISIO in *corpus*, & *extremitates*. Unam *superiorem*, & alteram *inferiorem*.

PROMINENTIÆ in *extremitate superiore*.

1. *Caput*, eſt pars ſuprema ſemigloboſa.
2. *Collum*, quod oblique a capite ad trochanteres pergit.
3. *Trochanter major*, eſt tuberoſitas exterior
4. ——— *minor*, tuberoſitas eſt ſitu interior, & poſterior.

PROMINENTIÆ in *extremitate inferiore*.

1. *Condylus* externus, qui minor eſt.
2. ——— internus, qui externo aliquantum major eſt.
3. *Linea aſpera* in ſuperficie poſtica corporis, pro adhæſione muſculi tricipitis.

CAVITATES in *extremitate superiore*.

1. *Fovea in capite*, pro ligamento terete.
2. ——— *trochanteris majoris*, quæ in baſi hujus proceſſus eſt.

CAVITATES in *extremitate inferiore*.

1. *Sinus patellæ*, inter condylos, pro excipienda patella.
2. *Exciſura* condylorum *poſtica*, quæ vaſa ſubpoplitea continet.
3. *Fovea* in condylis pro ligamentis cruciatis.

CONNEXIO. Cum 3. oſſibus. 1. Cum acetabulo oſſium *innominatorum* per enarthroſim. 2. Cum capite excavato *tibiæ*, & 3. Cum *patella* per gynglimum.

SUBSTANTIA eft in corpore compacta, in extremitatibus fpongiofa, in cavo medullari reticularis.

USUS eft conftituere partem extremitatis inferioris.

TIBIA.

SITUS. In latere interno cruris inter femur, & tarfum.

FIGURA eft longitudinalis, fere triangularis, fuperius multo craffior, quam inferius.

DIVISIO in *corpus*, & *extremitates*, unam *fuperiorem*, alteram *inferiorem*.

PROMINENTIÆ funt in *extremitate fuperiore*.

1. *Caput tibiæ*, quod duobus finubus articularibus excavatum eft.

2. Duo *condyli*, qui caput conftituunt.

3. *Tuberculum duplex*, inter finus articulares.

4. *Tuberculum fibulæ*, feu cui fibula infidet.

5. *Spina* tibiæ, cui ligamentum patellæ, & tendo communis mufculorum extenforum tibiæ adhæret.

6. *Crifta tibiæ*, eft margo acutus anterior, a fpina defcendens.

PROMINENTIÆ in *extremitate inferiore*.

1. *Malleolus internus*, qui proceffus inferior tibiæ eft.

CAVITATES

CAVITATES sunt in *extremitate superiore*

Duo *sinus articulares* in capite tibiæ, quibus condyli femoris insident.

Foramen nutritium magnum in parte postica tibiæ, ad aliquot digitos sub capite, per quod arteria transit.

Excisura subpoplitea, in parte postica inter condylos, quæ vasa sub poplitea transmittit.

CAVITATES in *extremitate inferiori.*

Sinus pro fibula, in latere externo tibiæ.

Cavitas articularis in extremitate inferiore pro astragalo, seu talo.

CONNEXIO cum 4. ossibus. 1. Cum condylis ossis *femoris* per gynglinum. 2. Cum *patella* per synnevrosim. 3. Cum *fibula* per eandem. 4. Cum *astragalo* per arthrodiam.

USUS. Constituit cruris fulcrum, & inservit flexioni extremitatum inferiorum.

FIBULA.

SITUS. In extima cruris parte juxta tibiam.

FIGURA est longitudinalis, fere triangularis.

DIVISIO in *corpus,* & *extremitates,* unam *superiorem,* alteram *inferiorem.*

PROMINENTIÆ.

1. *Caput fibulæ,* quod in superiori extremitate est.

F

2. *Collum* capitis.

3. *Malleolus externus*, qui in extremitate inferiori eft.

CAVITATES.

1. *Fovea articularis*, in extremitate fuperiori, qua cum tibia cohæret.

CONNEXIO cum duobus offibus. 1. Cum condylo externo *tibiæ*, & cum ejusdem extremitate inferiori per fynnevrofim. 2. Cum *aftragalo* per arthrodiam.

USUS eft, ut conftituat tibiæ fulcrum, & crus formare juvet.

PATELLA.

SITUS. Eft in finu intra condylos femoris, & fupra tibiam.

FIGURA eft cordiformis.

DIVISIO in *fuperficiem externam*, & *internam*, in *bafim*, *apicem*, & *latera*.

CONNEXIO cum 2. offibus. 1. Cum finu condylorum *femoris* per gynglimum. 2. Cum *tibiæ* fpina per ligamentum, feu fynnevrofim.

SUBSTANTIA eft tota fpongiofa.

USUS eft, ut firmet articulationem genu, & tendini mufculorum extenforum tibiæ communi fit trochlea.

TARSUS.

SITUS. Eft inter crus, & metatarfum.

FIGURA eft fuperius capitata; inferius lata.

COMPOSITIO ex 7. offibus, quæ in duplici *ferie* locantur.

In *prima ferie. Aftragalus*, qui fuperius.
calcaneus, qui inferius eft.

In *fecunda ferie.* Os *naviculare*, & juxta illud in latere interno

Os *cubiforme*.

Tria offa *cuneiformia*, quæ juxta fe invicem locantur.

PROMINENTIÆ funt,

1. *Caput aftragali*, quod inter malleolos cum extremitate tibiæ cohæret.

2. *Tuberofitas* calcanei, cui *tendo Achillis* inferitur.

3. *Duo tubercula* in fuperficie inferiori calcanei, quibus *aponevrofis plantaris* adnectitur.

CONNEXIO tarfi eft triplex. 1. Cùm *tibia,* & *fibula* per arthrodiam. 2. Tria offa cuneiformia cum 5. offibus *metatarfi.* 3. Unum os tarfi cum *fuis fociis* per amphiarthrofim.

SUBSTANTIA eft fpongiofa.

USUS eft, ut conftituat bafim pedis, ut ferviat motui pedis extremi.

F 2

METATARSUS.

SITUS. Eſt inter tarſum, & digitos pedis.

FIGURA metatarſi eſt longitudinalis quadrata.

DIVISIO in *ſuperficiem ſuperiorem*, & *inferiorem.*

in *margines* 4. in *anteriorem*, qui digitis,

in *poſteriorem*, qui oſſibus cuneiformibus tarſi re-ſpondet.

in duos *laterales*, qui liberi ſunt.

COMPOSITIO ex 5. oſſibus longitudinalibus, quæ 5. *Oſſa metatarſi* vocantur, quodlibet os corpus, & duas extremitates habet, quarum ſuperior *excavata*, inferior *capitata* eſt.

CONNEXIO ſuperius cum tribus oſſibus cuneiformibus, inferius cum prima phalange digitorum pedis.

USUS eſt conſtituere *dorſum*, & *plantam* pedis.

DIGITI PEDIS.

SITUS. In margine anteriore metatarſi.

COMPOSITIO. *Pollex* ex duobus oſſiculis.

Digitus quilibet ex 3. oſſiculis, quæ *phalanges* vocantur, conſtat.

COHÆSIO. *Prima phalanx* cum oſſibus metatarſi, *ſecunda phalanx* cum tertia cohæret.

Usus digitorum eft partem extremam pedis conftituere.

OSSICULA SESAMOIDEA.

Sunt officula parva femen fefami, vel pifa referrentia.

Situs. In junctura fub phalangibus pollicis manus, & pedis.

Substantia in juvenibus cartilaginea, in fenibus offea.

Usus. Sunt tendinibus pro parva trochlea.

SCELETUS FOETUS.

Omnia offa fœtus funt adhuc valde *imperfecta.*

Omnes fere longorum offium *extremitates,* & cæterorum apophyfes ope fubftantiæ cartilagineæ cum corpore offis connectuntur. Hæ portiones offium *epyphyfes* vocantur.

Offa *cranii* futuris carent, & fola membrana robufta, fere cartilaginea, cohærent.

In antica parte verticis inter offa parietalia, & os frontis, locus cranii membranaceus eft, qui *fonticulus* vocatur *anterior.* Parvus talis locus membranaceus in fuperiori offis occipitalis angulo eft, qui *fonticulus pofterior* dicitur.

Os *frontis* duabus portionibus, mediante *futura frontali* nexis, & os occipitis ex 4. portionibus conftat.

Dentium adest duplex series, quæ gingivis tegitur.

Plura de dentibus vide in confideratione dentium.

Loco meatus auditorii externi *circulus offeus* folummodo adeft, in quo fulcus reperitur, cui membrana tympani adhæret. Hic circulus offeus fenfim in adultiori ætate in meatum auditorium prolongatur.

Cava articularia offium adhucdum planiora funt, quam in homine adulto.

SYNDESMOLOGIA

SEU

DOCTRINA

DE LIGAMENTIS.

ELENCHUS SYNDESMOLOGIÆ.

DE fydesmologia generatim.

Periofteum externum.

Periofteum internum.

Medulla offium.

Cartilagines.

Synovia.

Glandulæ articulares.

Vafa offium.

Nervi offium.

Ligamenta.

Ligamenta maxillæ inferioris.

Ligamentum capfulare.

———————— laterale.

Ligamenta offis occipitis cum vertebris colli.

Ligamenta capfularia.

Ligamentum latum anticum.

———————— ———— pofticum.

———————— proceffus odontoidei.

———————— nuchæ.

Ligamenta vertebrarum.

Ligamentum transverfale vertebræ primæ.

Ligamentum commune anterius.

———————— pofterius.

Ligamenta interfpinofa.

———————— intertranfverfalia.

———————— intervertebralia.

———————— capfularia proceffuum obliquorum.

———————— ultimæ vertebræ lumborum cum offe facro.

Ligamenta coſtarum.

Ligamenta extremitatis poſticæ.

Ligamenta capſularia capitulorum majorum.

———— ———— ———— minorum.

———— colli coſtarum interna.

———— ———— ———— externa.

Ligamentum peculiare coſtæ ultimæ.

Ligamenta extremitatis anticæ..

Ligamenta capſularia cartilaginum coſtarum verarum.

———— coſtarum inter ſe.

Ligamenta ſterni.

Membrana ſterni propria.

Ligamenta cartilaginis enſiformis.

Ligamenta pelvis.

Tria ligamenta ileoſacra.

Duo ligamenta ſacroiſchiadica.

Duo ligamenta pelvis tranſverſalia.

Ligamentum obturans foraminis ovalis.

———— Poupartii, ſeu inguinale.

Ligamenta oſſis coccygis.

Ligamentum capſulare.

Ligamenta longitudinalia.

Ligamenta claviculæ.

In extremitate anteriori.

Ligamentum interclaviculare.

———— capſulare.

———— rhomboideum.

In extremitate posteriori.
Ligamentum capſulare.

Ligamenta ſcapulæ.

Ligamentum conoideum.
——————— trapezoideum.

Ligamenta humeri.

Ligamentum capſulare.

Ligamenta articulationis cubiti.

Ligamentum capſulare.
——————— brachio-cubitale.
——————— brachio-radiale.

Ligamenta radii.

Ligamentum capſulare ſuperius.
——————— ——————— inferius.
obliquum.
——————— interoſſeum.

Ligamenta carpi.

Ligamentum capſulare carpi.
——————— tranſverſum primum.
——————— ——————— ſecundum.
——————— obliquum.
——————— capſulare oſſibus carpi proprium.
Ligamenta brevia, ſeu propria oſſibus carpi.

Ligamenta metacarpi.

Ligamenta articularia.
——————— interoſſea metacarpi.

Ligamenta digitorum manus.

Ligamentum capſulare.

Ligamenta phalangum lateralia.
Ligamentum pollicis cum offe multangulari carpi.

Ligamenta, quæ tendines musculorum manus in situ retinent.

In dorso manus.
Ligamentum tranfverfale carpi externum.
Ligamenta vaginalia tendinum extenforum.
Ligamenta tranfverfalia tendinum extenforum.
In vola manus.
Ligamentum tranfverfale carpi internum.
Ligamenta vaginalia tendinum flexorum.
———— ———— phalangum.
———— accefforia tendinum flexorum.

Ligamenta articulationis femoris.
Ligamentum capfulare.
———— teres.

Ligamenta articulationis genu.
Ligamentum capfulare.
———— pofticum.
———— laterale externum.
———— ———— internum.
Ligamenta cruciata.
———— alaria.
Ligamenta cartilaginum femilunarium.
Ligamentum patellæ.

Ligamenta fibulæ.
Ligamentum capfulare extremitatis fuperioris.
———— interofjeum.
Ligamenta extremitatis inferioris.

Ligamenta articulationis tarfi.

Ligamentum fibulæ anterius.

Ligamentum fibulæ medium.

—————————— pofterius.

—————— tibiæ deltoides.

—————— capfulare.

Ligamenta offibus tarfi propria.

Ligamenta metatarfi.

Ligamentum capfulare.

Ligamenta articularia.

—————— tranfverfalia in dorfo pedis.

—————— —————— in planta pedis.

—————— interoffea metatarfi.

Ligamenta digitorum pedis.

Ligamenta capfularia.

—————— lateralia.

Ligamenta, quæ tendines mufculorum pedis
in fitu retinent.

Ligamentum vaginale tibiæ.

—————— tranfverfum tarfi, feu cruciatum.

—————— tendinum peroneorum.

—————— laciniatum.

—————— vaginale extenforis pollicis.

—————— —————— flexoris pollicis.

Ligamenta vaginalia tendinum flexorum.

—————— accefforia tendinum flexorum.

—————— tranfverfa tendinum extenforum.

DE SYNDESMOLOGIA
GENERATIM.

PARTES, quæ in syndesmologia considerantur, sunt,

1. *Periosteum externum.*
2. *Periosteum internum.*
3. *Medulla ossium.*
4. *Cartilagines.*
5. *Glandulæ articulares.*
6. *Synovia.*
7. *Vasa ossium.*
8. *Nervi ossium.*
9. *Ligamenta ossium.*

PERIOSTEUM EXTERNUM.

Est membrana, quæ externam superficiem omnium ossium, solis coronis dentium exceptis, investit.

DIVERSA DENOMINATIO.

1. *Pericranium*, in cranio.
2. *Periorbita*, in orbita vocatur.
3. *Perichondrium*, quo cartilagines obducit, ac
4. *Peridesmium*, quod ligamenta investit, dicitur.

SUBSTANTIA est membrana fibrosa, arteriis, ac venis repleta, at sine propriis nervis est.

COHÆSIO. *Inferior superficies* ope *vasorum* cum ossis poris, & *superior superficies* cum membrana cellulosa, & musculis cohæret.

USUS est, ut ossis substantiam *contineat*, & ut vasa nutritia ad ossis substantiam in ordine *distribuat*.

PERIOSTEUM INTERNUM.

Est membrana, quæ internam superficiem in ossibus obducit.

Est periosteo externo similis.

MEDULLA OSSIUM.

Est substantia mollis, & pinguedinosa, quæ in cavis medullaribus ossium magnorum, ac longorum continetur.

USUS. Oleum medullæ per poros ossis transfudat in omnem totius ossis substantiam, & per peculiares poros in cava articulorum; sic ossium fragilitas, ac articulorum rigiditas præcavetur.

CARTILAGINES.

Sunt substantiæ albicantes, ac elasticæ, ossibus accretæ.

DIVISIO I. in *cartilagines obducentes*, quæ in ossium extremitatibus capita, & cava articularia obducunt.

II. in *cartilagines interarticulares*, quæ ossibus non accretæ, sed liberæ intra articulationes hærent, ut in articulo maxillæ, claviculæ, ac genu.

III. in *cartilagines unientes*, quæ ossa immobili
nexu nectunt, ut ossa pubis,
corpora vertebrarum &c.

Substantia cartilaginis videtur esse gelatina
animalis inspissata, quæ terram intra se non re-
condit.

Usus cartilaginum est *articulationes* lubricas red-
dere, ossa quædam immobili nexu *nectere.*
Motus quorundam articulationum *facilitare.*

S Y N O V I A.

Est humor muco similis, qui in cavis articulationum
continetur.

Constat ex aqua, oleo, & muco.
Oleum ex poris cartilaginum, articulos obducen-
tium, in cavum articuli transsudat.
Aqua ex vasis exhalantibus in internâ superficie
ligamentorum capsularium secernitur.
Mucus a glandulis articularibus, in articulis locatis, suppeditatur.

Usus. *Lubricat* ossium mobilium extrema.
Impedit concretionem articulorum.

GLANDULÆ ARTICULARES.

Sunt parvæ glandulæ, quæ in foveis articulationum,
ac ligamentorum capsularium locantur.

VASA OSSIUM.

Vasa, quæ ossa adeunt, sunt *arteriosa*, & *venosa.*
Utraque distribuuntur.

1. In periosteo externo, & intrant per poros ossis intra lamellas.

2. In periosteo interno, & intrant per *foramina nutritia* ossium.

Usus vasorum, est *nutrire* os, ac *secernere* medullam, & succum medullosum.

NERVI OSSIUM.

Pauci *nervi* intrant per majora foramina nutritia ad ossium medullam, quæ sensilis est,

Usus nervorum in medulla est, ut dolore moneant de malo medidullium ossis afficiente.

LIGAMENTA.

Sunt membranæ elesticæ, ac robustæ, quæ ossium mobilium extrema connectunt.

Divisio I. in ligamenta *capsularia*, quæ sacci membranosi adinstar articulationes ambiunt, &

II. in ligamenta *connectentia*, quæ instar funium ossa mobilia connectunt.

Ligamenta hæc a situ in *externa*, quæ extra ligamenta capsularia, ac *interna*, quæ intra eadem locantur, dividuntur.

Omnes articulationes *ligamenta capsularia* habent: *connectentia externa* sunt in plurimis articulationibus, sed *connectentia interna* sunt solummodo in femore, ubi *ligamentum teres*, & in genu, ubi *ligamenta cruciata* inveniuntur

Usus

Usus ligamentorum. Capsularia, offium mobilium extrema nectunt; & fimul effluxum fynoviæ impediunt. Ligamenta autem *connectentia*, tam *externa*, quam *interna* offium mobilium extrema firmant.

LIGAMENTA MAXILLÆ INFERIORIS.

Condyli maxillæ inferioris cum *finubus articularibus* offium temporum connectuntur per 2. ligamenta.

Ligamentum *capfulare*, quod a circumferentia foveæ articularis offis temporum ad collum apophyfis condyloideæ maxillæ inferioris pergit.

Ligamentum *laterale*, ab angulo maxillæ inferioris ad partem pofticam foveæ articularis offis temporum.

LIGAMENTA OSSIS OCCIPITIS CUM VERTEBRIS COLLI

Condyli offis occipitis cum foveis articularibus *primæ* vertebræ, & demum cum *fecunda*, & *reliquis* vertebris connectuntur.

Ligamenta *capfularia*, a bafi condylorum occipitalium ad ambitum fovearum articularium primæ vertebræ colli.

Ligamentum *latum anticum*, a margine anteriori foraminis occipitalis magni ad arcum anticum primæ vertebræ colli.

Ligamentum *latum pofticum*, a margine pofteriori foraminis occipitalis magni ad arcum pofticum primæ vertebræ colli.

G

Ligamentum *proceſſus odontoidei*, a proceſſu dentiformi ſecundæ vertebræ colli ad marginem anteriorem foraminis occipitalis magni.

Ligamentum *nuchæ*, a protuberantia oſſis occipitalis ſenſim anguſtatum ad apophyſes ſpinoſas vertebrarum colli.

LIGAMENTA VERTEBRARUM.

Vertebræ ope ſuorum corporum, & ope ſuarum apophyſium obliquarum ſibi invicem connectuntur.

Corpora per mollem ſubſtantiam cartilagineam, *apophyſes* autem per ligamenta cohærent.

Ligamentum *tranſverſale vertebræ primæ*, in interna ſuperficie arcus antici primæ vertebræ colli tranſverſim ex uno latere in oppoſitum pergit, & proceſſum dentiformem ſecundæ vertebræ ad arcum primæ vertebræ firmat.

Ligamentum *corporibus vertebrarum commune anterius*, a prima vertebra colli protenditur, convexam corporum vertebrarum ſuperficiem tegendo, uſque ad os ſacrum.

Ligamentum *corporibus vertebrarum commune poſterius*, a dentiformi proceſſu ſecundæ vertebræ concavam corporum vertebrarum ſuperficiem tegendo, os ſacrum usque porrigitur.

Ligamenta *interſpinoſa*, ab una ſpina ad alteram extenduntur.

Ligamenta *intertranſverſalia*, ab apice unius apophyſis tranſverſalis ad apicem alterius pergunt.

LIGAMENTA *intervertebralia*, ab uno corpore vertebræ ad corpus vertebræ sociæ adnectuntur.

LIGAMENTA *capsularia processum obliquorum*, circumferentiæ processuum obliquorum inseruntur,
& illos includunt.

LIGAMENTA *ultimæ vertebræ lumborum cum osse
sacro*, similia sunt præcedentibus, & ab ultima
vertebra ad os sacrum descendunt.

LIGAMENTA COSTARUM.

COSTARUM extremitas *postica* cum vertebris, *antica*.cum sterno connectitur.

Ligamenta extremitatis posticæ sunt.

LIGAMENTA *capsularia capitulorum majorum*,
oriuntur ab ambitu capitulorum majorum, &
pergunt ad ambitum sinuum articularium, quos
duo corpora vertebrarum dorsi formant.

LIGAMENTA *capsularia capitulorum minorum*,
ambiunt capitulum minus costæ, & foveam,
quæ in apice processus transversi in vertebris
dorsi est.

LIGAMENTA *colli costarum interna*, a collo costæ
ad apophysim transversam vertebræ suprapositæ.

LIGAMENTA *colli costarum externa*, a collo costæ
ascendunt ad apophysim obliquam inferiorem
vertebræ suprapositæ.

LIGAMENTUM *peculiare costæ ultimæ*, ab apophysi
transversa primæ, & secundæ vertebræ lumborum ad ultimam costam ascendit.

Ligamenta extremitatis anticæ sunt.

LIGAMENTA *capsularia cartilaginum costarum ve-*
rarum, costas cum foveis sterni connectunt.

LIGAMENTA *costarum inter se*, ab una cartilagine
perpendiculariter per veras, & spurias costas ad
ad alteram descendunt.

LIGAMENTA STERNI.

STERNI tres portiones connectentia ligamenta sunt.

Membrana sterni propria, quæ internam, & externam sterni superficiem obducit.

Ligamenta cartilaginis ensiformis, ab externa
superficie cartilaginis oblique ascendunt ad
cartilaginem costæ septimæ veræ.

LIGAMENTA PELVIS.

Ligamenta, quæ ossa ilei cum osse sacro connectunt,
sunt.

TRIA *ligamenta ileosacra*, quæ a spina ilei postica
ad tubercula spinosa ossis sacri abeunt.

DUO *ligamenta sacroischiadica*, quæ a facie laterali,
& inferiori ossis sacri, & a basi ossis coccygis
oblique ad spinam ischii pergunt.

DUO *ligamenta pelvis transversalia*, a margine postico ossis ilei transversim unum ad apophysim
transversam ultimæ vertebræ lumborum, alterum ad tuberculum transversale primum ossis sacri abit.

LIGAMENTUM *obturans foraminis ovalis*. Adnectitur circumferentiæ hujus foraminis ovalis. In superiori foraminis parte deficit pro transitu vasorum obturatoriorum.

LIGAMENTUM *Poupartii*, feu *inguinale*, a fpina ilei antica, & inferiori ad criftam offis pubis pergit.

Margo inferior mufculi abdominalis obliqui externi effe videtur. Sub hoc ligamento vafa cruralia exeunt.

LIGAMENTA OSSIS COCCYGIS.

Bafis offis coccygis ad apicem offis facri firmatur per

LIGAMENTUM *capfulare*, quod bafim offis coccygis, & apicem offis facri ambit.

LIGAMENTA *duo longitudinalia*, ab externa fuperficie offis coccygis ad os facrum pergunt.

LIGAMENTA CLAVICULÆ.

Claviculæ extremitas *antica* cum fterno , & prima cofta , extremitas autem *poftica* cum acromio fcapulæ conneditur.

LIGAMENTUM *interclaviculare*, retro fternum ab una extremitate claviculæ ad alteram protenditur.

LIGAMENTUM *capfulare anticum*, ambit extremitatem anticam claviculæ, & finum articularem fterni.

LIGAMENTUM *rhomboideum*, ab inferiori fuperficie claviculæ oblique ad cartilaginem primæ coftæ decurrit.

LIGAMENTUM *capfulare pofticum*, pofticam claviculæ extremitatem , & acromium fcapulæ ambit.

G 3

LIGAMENTA SCAPULÆ.

Propria ligamenta, quæ fcapulam cum extremitate poftica claviculæ connectunt, funt.

Ligamentum *conoideum*, a tuberofitate proceffus coracoidei ad extremitatem pofticam claviculæ.

Ligamentum *trapezoideum*, a proceffu coracoideo ad extremitatem pofticam claviculæ.

LIGAMENTA HUMERI.

Caput humeri cum fovea articulari fcapulæ connectitur per

Ligamentum *capfulare*, a margine offeo, & cartilagineo cavitatis articularis fcapulæ ad collum fub capite humeri pergit. In parte fuperiori hujus ligamenti apertura eft, per quam fecundus tendo mufculi bicipitis ad foveæ articularis partem fuperiorem decurrit.

LIGAMENTA ARTICULATIONIS CUBITI.

Articulatio cubiti ab extremitate inferiore humeri, & extremitatibus fuperioribus ulnæ, & radii formatur.

Ligamenta hæc offa nectentia funt.

Ligamentum *capfulare*, circumit extremitatem inferiorem, humeri transfcendit condylos humeri, & adnectitur margini toti olecrani, & proceffus coronoidei.

Ligamentum *brachio-cubitale*, a condylo interno humeri ad apophyfim coronoideam cubiti.

L i g a m e n t u m *brachio-radiale*, a condylo humeri externo ad ligamentum capfulare radii.

LIGAMENTA RADII.

Radius ad humerum, cubitum, & carpum per peculiaria ligamenta firmatur.

L i g a m e n t u m *capfulare fuperius*, a cavitate femicirculari cubiti circumdat marginem circularem capitis radii.

L i g a m e n t u m *capfulare inferius*, a margine incifuræ femilunaris extremitatis inferioris radii verfus collum capituli cubiti pergit. Hoc ligamentum facciforme eft, & *cartilaginem interarticularem* includit.

L i g a m e n t u m *obliquum*, a tuberculo minori ulnæ tranfit oblique ad tuberofitatem radii.

L i g a m e n t u m *interoffeum*, inter ambo offa antibrachii extenfum eft, folummodo in parte fuperiore deficit. Pergit a margine interno radii ad marginem externum ulnæ, feu cubiti.

LIGAMENTA CARPI.

Ligamenta, quæ 8. officula carpi tum inter fe ipfa, tum cum antibrachio, & metacarpo connectunt, funt fequentia.

L i g a m e n t u m *capfulare carpi*, a cavitate articulari radii, & cubiti ad capitulum, quod a tribus primis officulis carpi formatur, facci adinftar pergit. Hæc articulatio *triangularem cartilaginem interarticularem* includit.

G 4

LIGAMENTUM *transversum*, quod a sinu articulari ulnæ ad cuneiforme, & unciforme os pergit, &

LIGAMENTUM *transversum*, quod a processu stiloideo radii ad os naviculare pergit.

LIGAMENTUM *obliquum*, a processu styloideo radii ad tuberculum ossis lunaris adnectitur.

LIGAMENTA *carpi propria* sunt.

LIGAMENTUM *capsulare ossibus carpi proprium*, primum ordinem ossium carpi cum secundo connectit.

LIGAMENTA *brevia* ossium carpi, quo unum os carpi alteri annectitur, plurima, & variæ figuræ sunt.

LIGAMENTA METACARPI.

Ossa metacarpi partim cum secundo ordine ossium carpi, partim inter se ipsa connectuntur.

LIGAMENTA *articularia*, quæ basim ossium metacarpi cum ossibus carpi connectunt, sunt varia, & multa, atque a suo situ *palmaria, dorsalia*, & *lateralia* vocantur.

LIGAMEMTA *interossea metacarpi* partim in inferiore, partim in superiore extremitate ab uno osse metacarpi ad alterum pergunt.

LIGAMENTA DIGITORUM MAJUS.

Digiti, & pollicis phalanges, tum inter se, tum cum metacarpo, & pollex cum carpo connectitur.

LIGAMENTUM *capsulare*, in omni digito ab una phalange ad alteram, pergit.

L I G A M E N T A *phalangum lateralia*, in quovis phalangis latere ab uno offe ad alterum pergunt.

L I G A M E N T U M *pollicis cum offe multangulari majori carpi*, circumdat phalangem pollicis, &
os multangulare majus carpi.

LIGAMENTA, QUÆ TENDINES MUSCU- LORUM MANUS IN SITU RETINENT.

Ligamenta, quæ tendines musculorum manus in situ
retinent, funt partim in *vola*, partim in *dorfo*
manus locata.

Ligamenta in *dorfo* manus funt.

L I G A M E N T U M *tranfverfale carpi externum*, ab
offe fubrotundo, & apophyfi ftyloidea ulnæ tranfverfim pergit in dorfo carpi ad apophyfim fty-
loideam radii.

Sub hoc ligamento tranfeunt tendines mufculorum, qui digitos, & carpum extendunt.

L I G A M E N T A *tranfverfalia tendinum extenforum*,
funt brevia ligamenta, quæ in dorfo manus tranfverfim ab uno tendine ad alterum decurrunt.

Ligamenta in *vola* manus funt.

L I G A M E N T U M *tranfverfale carpi internum*, adnectitur quatuor eminentiis, quæ in interna fuperficie offium carpi formantur.

Sub hoc ligamento magnum fpatium eft, per quod
tendines mufculorum flexorum digitorum tranfeunt.

L I G A M E N T A *vaginalia tendinum flexorum*, vaginæ
membranaceæ funt, quæ a ligamento tranfverfo

interno incipiunt, & tendines vaginæ adinſtar includunt, & oſſibus nectunt.

LIGAMENTA *vaginalia phalangum*, ab uno margine phalangis ſupra ligamenta vaginalia priora pergunt, & tendines extenſores in ſitu firmant.

LIGAMENTA *transverſalia tendinum flexorum*, transverſim in palma minus adhuc ſub digitis ſupra tendines decurrunt.

LIGAMENTA *acceſſoria tendinum flexorum*, a prima, & ſecunda phalange digitorum, tendinum vaginis incluſa ad tendines flexores ipſos abeunt.

LIGAMENTA ARTICULATIONIS FEMORIS.

Caput oſſis femoris cum acetabulo oſſium innominatorum per 2. admodum robuſta ligamenta firmatur.

LIGAMENTUM *capſulare*, eſt craſſum, amplum, & fortiſſimum ligamentum, quod ab ambitu marginis acetabuli lato principio oritur, dein caput, & totum femoris collum circumit.

LIGAMENTUM *teres*, ſeu *rotundum*, eſt articulationi incluſum; a fovea, quæ in fundo acetabuli eſt, pergit ad foveam, quæ in capite femoris deprehenditur.

LIGAMENTA ARTICULATIONIS GENU.

Articulatio genu a condylis oſſis femoris, a capite tibiæ, & a patella formatur.

Ligamenta hæc 4 oſſa nectentia ſunt.

LIGAMENTUM *capſulare*, ſuperius circumferentiæ condilorum femoris, inferius capiti tibiæ, & anterius toti margini patellæ adnectitur.

LIGAMENTUM *poſticum*, oritur a condylo externo femoris, tranſgreditur oblique ligamentum capſulare, atque adnectitur ſub interno condylo tibiæ.

LIGAMENTUM *laterale externum*, a condylo externo femoris deſcendit ad extremum condylum tibiæ, & caput fibulæ.

LIGAMENTUM *laterale internum*, a condylo interno femoris deſcendit ad condylum internum tibiæ.

LIGAMENTA *cruciata*, ſunt duo ligamenta, cruciatim ſibi impoſita, & intra ligamentum capſulare in articulatione incluſa. Oriuntur a foveolis inciſuræ condylorum femoris, & cruciatim pergunt ad tubercula, quæ in medietate ſinuum articularium tibiæ ſunt.

LIGAMENTA *alaria*, ſunt duplicaturæ membranæ interioris ligamenti capſularis, quæ juxta patellæ latera in pinguedinem ibi locatam evaneſcunt.

LIGAMENTA *cartilaginum ſemilunarium. Cartilagines ſemilunares*, quæ inter condylos femoris, & ſinus articulares tibiæ locantur per parva ligamenta, partim inter ſe ipſas, partim cum tibia connectuntur.

LIGAMENTUM *patellæ*, eſt forte ligamentum, quod ab apice patellæ ad ſpinam tibiæ deſcendit.

LIGAMENTA FIBULÆ.

Fibula ope ligamentorum tibiæ adnectitur.

LIGAMENTUM *capſulare extremitatis ſuperioris*, quod a capite fibulæ ad externum condylum tibiæ pergit.

LIGAMENTUM *interoſſeum*, a margine toto externo
tibiæ ad marginem internum fibulæ extenditur, &
totum ſpatium inter tibiam, & fibulam explet.

LIGAMENTA *extremitatis inferioris*, ſunt numero
quatuor duo *antica*, & duo *poſtica*, oblique a
tibia ad melleolum fibulæ pergunt.

LIGAMENTA ARTICULATIONIS TARSI.

Inferior tibiæ, & fibulæ extremitas format cavitatem
per politam malleolorum ſuperficiem auctam,
qua talus, ſeu aſtragalus tarſi excipitur.

Ligameuta hujus articulationis a tibia, & fibula ad
oſſa tarſi abeunt.

LIGAMENTUM *fibulæ anterius*, a mallçolo externo
ad talum.

LIGAMENTUM *fibulæ medium*, ab apice malleoli
externi ad calcaneum.

LIGAMENTUM *fibulæ poſterius*, a malleolo fibulæ
retrorſum ad talum pergit.

LIGAMENTUM *tibiæ deltoides*, ab apice malleoli
interni ad tali, & oſſis navicularis circumferentiam abit.

LIGAMENTUM *capſulare*, oritur ab ambitu cavitatis articularis tibiæ, & inſeritur in totum ambitum aſtragali.

LIGAMENTA METATARSI.

Oſſa metatarſi, partim inter ſe, partim cum tarſo
connectuntur.

LIGAMENTUM *capſulare*, quod os metatarſi pollicis cum oſſe cuneiformi tarſi connectit.

LIGAMENTA *articularia*, quæ bafim offium metatarfi cum offibus tarfi connectunt, funt multa,
& a fitu in *dorfalia, plantaria,* & *lateralia* dividuntur.

LIGAMENTA *tranfverfalia in dorfo pedis*, funt 3.
ab uno offe metatarfi tranfverfi in dorfo pedis
ad alterum pergunt.

LIGAMENTA *tranfverfalia in planta pedis*, funt
tria, & eundem in planta fitum habent.

LIGAMENTA *interoffea metatarfi*, occupant fpatium laterale in interftitiis offium metatarfi.

LIGAMENTA DIGITORUM PEDIS.

Phalanges digitorum, partim inter fe, partim cum
metatarfo conjunguntur.

Ligamenta hæc officula nectentia funt.

LIGAMENTA *capfularia*, extremitates phalangum
circumdant.

LIGAMENTA *lateralia*, ad latera phalangum ab uno
offe ad focium progrediuntur.

LIGAMENTA, QUÆ TENDINES MUSCU-LORUM PEDIS IN SITU RETINENT.

Hæc ligamenta, partim in *dorfo*, partim in *planta* pedis deprehenduntur, & funt

LIGAMENTUM *vaginale tibiæ*, a margine antico
in inferiore extremitate tibiæ oblique fupra omnes
tendines pergit ad fibulam.

LIGAMENTUM *tranfverfum tarfi*, feu *cruciatum*,
funt duo ligamenta, quæ fe in tarfo cruciatim
decuffant, unum fupra malleolum externum or-

tum ad malleolum internum: alterum ab antica
parte calcanei ad os naviculare pergit.

LIGAMENTUM *tendinum peronæorum*, a parte antica calcanei ad tuberositatem ejusdem ossis protenditur.

LIGAMENTUM *laciniatum*, oritur a peripheria malleoli interni, & radiatim expanditur in omnes
partes vicinas, & in internam superficiem calcanei.

LIGAMENTUM *vaginale extensoris pollicis*, quod
tendinem hujus musculi includit.

LIGAMENTUM *vaginale flexoris proprii pollicis*,
in sinuositate calcanei tendinem flexoris proprii
pollicis vaginæ adinstar circumdat.

LIGAMENTA *vaginalia tendinum flexorum*, in concava phalangum superficie tendines digitorum
flexores vagina ambiunt.

LIGAMENTA *accessoria tendinum flexorum*, sunt
brevia ligamenta in ipsis vaginis tendinum locata,
a phalangibus orta in tendines terminantur.

LIGAMENTA *transversalia tendinum extensorum*, ab
uno tendine transversim ad alterum decurrunt.

MYOLOGIA

SEU

DOCTRINA

DE MUSCULIS.

ELENCHUS MYOLOGIÆ.

DE muſculis generatim.

Muſculi integumentorum cranii.

M. Frontales.

— Occipitales.

Muſculi ſuperciliorum.

Corrugatores ſuperciliorum.

Muſculi palpebrarum.

Orbicularis palpebrarum.

Levator palpebræ ſuperioris.

Depreſſor palpebræ inferioris.

Muſculi bulbi ocularis.

Rectus ſuperior.

—— inferior.

—— internus.

—— externus.

Obliquus ſuperior.

——— inferior.

Muſculi naſi,

Dilatatores narium.

Levator alæ naſi.

Conſtrictores narium.

Compreſſor narium.

Depreſſor alæ naſi.

Muſculi

Musculi labiorum oris.

Clausores.
  Orbicularis. *
  Buccinatores.

Levatores labii superioris.
  Levator labii superioris, alæque naſi.
  Levator proprius labii ſuperioris.
  Levator labiorum communis.
  Naſalis labii ſuperioris.
  Zygomaticus major.
  ————————— minor.
  Riſorius.

Depreſſores labii ſuperioris.
  Depreſſor labiorum communis, ſeu triangularis.

Levatores labii inferioris.
  Levator proprius labii inferioris, ſeu levator menti.

Depreſſores labii inferioris.
  Quadratus, ſeu depreſſor labii inferioris.
  Obliquus labii inferioris.
  Latiſſimus colli.

Musculi maxillæ inferioris.

Depreſſores.
  Digaſtrici.

Levatores.
  Temporales.
  Pterygoidei externi.
  ————————— interni.
  Maſſeteres.

H

Musculi auris externæ.

Tensores auriculæ.

    Auricularis superior.

    —————— anterior.

    —————— posterior.

    Tragicus.

    Antitragicus.

    Major helicis.

    Minor helicis.

    Transversus auriculæ.

Musculi auris internæ.

Tensor tympani.

Stapedius.

Musculi ossis hyoidis.

Levatores.

    Mylohyoideus.

    Stylohyoideus.

Depressores.

    Sternohyoideus.

    Coracohyoideus.

Motor antrorsum.

    Geniohyoideus.

Musculi linguæ.

Depressores.

    Ceratoglossus.

    Basioglossus.

    Chondroglossus.

Levatores retrorsum.

    Styloglossus.

Motores antrorfum.
> Genioglossus.

Cavator linguæ.
> Lingualis.

Musculi laryngis.

Depressores.
> Sternothyreoideus.

Levatores.
> Hyothyreoideus.

Adductor cartilaginis thyreoideæ ad *cricoideam.*
> Cricothyreoideus.

Museuli glottidis.

Dilatatores rimæ laryngis, feu *glottidis,*
> Cricoarytænoideus pofticus.
> ———————————— lateralis.

Contractores rimæ.
> Thyreoarytænoideus.
> Arythænoideus tranfverfus. *
> ———————————— obliquus.

Musculi pharyngis.

Dilatores, & *levatores.*
> Salpingopharingeus.
> Palatopharyngeus.
> Stylopharyngcus.

Conftrictores pharyngis.
> Conftrictor fuperior.
> ——————— medius.
> ——————— inferior.

Musculi veli palatini.

Levatores.
 Levatores veli palatini.
Depreffores.
Conftrictor ifthmi faucium.
 Circumflexus palati.

Musculi uvulæ.

Azygus uvulæ, *

Musculi capitis.

Flexores antrorfum.
 Sternomaftoideus.
 Cleidomaftoideus.
 Rectus internus major.
 ——— ——— minor.
Flexores retrorfum.
 Splenius capitis.
 Biventer cirvicis.
 Complexus.
 Trachelomaftoideus.
 Obliquus fuperior.
 Rectus pofticus major.
 ——— ——— minor.
Flexores ad latus.
 Rectus lateralis.
Rotatores.
 Obliquus inferior.

Musculi colli.

Flexores antrorfum.
 Longus colli.

Flexores poftrorfum.
   Splenius colli.
   Spinalis cervicis.
   Interfpinales cervicis.
Flexores ad latus.
   Intertranfverfarii priores.
   ——————— pofteriores.
   Scalenus.
Rotatores colli.
   Tranfverfalis cervicis.
   Cervicalis defcendens.

      Mufculi dorfi, & lumborum.
Flexores antrorfum.
   Pfoas parvus.
Flexores retrorfum.
   Sacrolumbalis.
   Multifidus fpinæ.
   Longiffimus dorfi.
   Spinalis dorfi.
   Interfpinales dorfi.
   ——————— lumborum.
Flexores ad latus.
   Quadratus lumborum.
   Intertranfverfarii dorfi.
   ——————— lumborum.
Rotatores.
   Semifpinalis dorfi.
      Mufculi coccygis.
Ifchiococcygei.
Sacrococcygei.

        H 3

Musculi costarum.

Levatores.

  Intercostales externi.
  ——————— interni.
  Levatores costarum.
  Serratus posticus superior.

Depressores costarum.

  Serratus posticus inferior.
  Triangularis sterni.

Musculi Diaphragmatis.

V. *Splanchnologiam.*

Musculi abdominis.

Obliqui externi.
——— interni.

Recti.
Pyramidales.
Transversi.

Musculi ani.

Dilatatores.

  Levatores ani.
  Transversi perinæi.

Constrictores.

  Sphincter ani externus. *
  ——————— — internus. *

Musculi testiculorum.

Cremasteres testiculorum.

Musculi urethræ virilis.

Compressores urethræ.

  Erectores penis.
  Acceleratores.
  Compressores prostatæ.

Mufculi clytoridis.

Erectores clitoridis.

         Mufculi vaginæ muliebris.

Conftrictores cunni,

         Mufculi veficæ urinariæ.

Sphincter veficæ. *

         Mufculi claviculæ.

Subclavius.

         Mufculi fcapulæ.

Levatores.

   Levator fcapulæ.

   Cucullaris.

Adductores.

   Rhomboideus.

   Serratus anticus major.

   ——— ——— minor, feu pectoralis minor.

         Mufculi humeri.

Levatores.

   Deltoides.

   Coracobrachialis.

   Suprafpinatus.

Depreffores.

   Pectoralis major.

Motores antrorfum.

     idem.

Motores retrorfum.

   Latiffimus dorfi.

   Teres major.

Rotator antrorfum.

   Subfcapularis.

Rotator retrorfum.
   Infrafpinatus.
   Teres minor.

Mufculi antibrachii.

Flexores.
   Biceps.
   Brachialis internus.

Extenfores.
   Triceps brachii.
   Anconeus.

Supinatores.
   Supinator longus.
   ——— brevis.

Pronatores.
   Pronator rotundus.
   ——— quadratus.

Mufculi manus.

Extenfores.
   Radialis externus.
   Ulnaris externus.

Flexores.
   Radialis internus.
   Ulnaris internus.

Conftrictores volæ manus.
   Palmaris longus.
   ——— brevis.

Mufculi digitorum manus communes.

Flexores.
   Flexor fublimis.

——— profundus.

Lumbricales.

Extensores.

Extensor digitorum communis.

Abductores.

Interossei externi.

Adductores.

Interossei interni.

　　　　Musculi digiti indicis.

Extensor.

Extensor proprius indicis, seu Indicator.

Abductor.

Abductor proprius indicis.

　　　　Musculi digiti minimi.

Extensores.

Extensor proprius digiti minimi.

Flexores.

Flexor parvus digiti minimi.

Abductores.

Abductor. digiti minimi.

　　　　Musculi pollicis manus.

Flexores.

Flexor longus.

——— brevis.

Extensores.

Extensor pollicis major.

——— ——— minor.

Abductores.

    Abductor longus.

    ———— brevis.

Adductores.

    Adductor pollicis.

    Opponens pollicis.

            Musculi femoris.

Flexores versus abdomen.

    Psoas magnus.

    Iliacus internus.

Extensores versus dorsum.

    Gluteus magnus.

Abductores.

    Gluteus medius.

    ———— minimus.

Adductores.

    Pectineus.

    Triceps.

    Obturator externus.

Rotatores extrorsum.

    Obturator internus.

    Pyriformis.

    Geminus.

    Quadratus.

Rotatores introrsum.

    Tensor vaginæ femoris.

            Musculi cruris.

Extensores.

    Vastus externus.

    ———— internus.

Rectus.

Cruralis.

Flexores.

Biceps.

Sartorius.

Semitendinosus.

Semimembranosus.

Gracilis.

Popliteus.

Musculi pedis extremi.

Flexores sursum.

Tibialis anticus.

Peroneus tertius.

Extensores deorsum.

Gastrocnemius.

Soleus.

Plantaris.

Adductores.

Tibialis posticus.

Abductores.

Peroneus longus.

——— brevis.

Musculi digitorum pedis communes.

Extensores.

Extensor longus digitorum pedis.

——— brevis.

Flexores.

Flexor longus.

——— brevis.

Lumbricales.

Abductores.

Interossei inferiores.

Adductores.

Interossei superiores.

Musculi proprii pollicis pedis.

Extensores.

Extensor pollicis proprius.

Flexores.

Flexor pollicis longus.

———— ——— brevis.

Abductores.

Abductor pollicis.

Adductores.

Adductor pollicis.

Transversus pedis.

Musculi digiti minimi pedis.

Abductores.

Abductor digiti minimi pedis.

Flexores.

Flexor brevis digiti minimi.

DE MUSCULIS GENERATIM.

Musculus est lacertus fibrosus, qui motui inservit.

Divisio musculi est.

       in *Caput*, seu extremitatem ossi fixo adhærentem.

      — *ventrem*, est pars carnea, media.

      — *caudam*, seu extremitatem ossi mobili adhærentem.

Adhæsio. *Caput*, & *cauda* ossibus firmiter accrescunt; *venter* ope telæ cellulosæ laxe adhæret.

Substantia musculi est duplex.

    Carnea in ventre.

    Tendinea in extremitatibus.

Substantia *carnea*, ex fibris constat rubris, irritabilibus, & sensilibus. Substantia *tendinea* ex fibris albicantibus, sed nec irritabilibus, nec sensilibus.

Extremitates quorundam musculorum in angustum, & longum *tendinem*, & quorundam extrema in latam membranam tendineam, quæ *aponevrosis* vocatur, abeunt.

Sunt demum musculi, qui tenues *membranas musculares* solummodo formant.

INVOLUCRA, quæ ventres muſculorum tegunt, ex
membrana cellulofa conſtant. Hæc tela ſingulam
muſculi fibram peculiari *vaginula* involvit, ac
circa tendines laxam *vaginam* format.

VASA muſculorum, *arteriofa*, & *venofa*, fibras
carneas retis vaſculofi tenuiſſimi inſtar ambiunt,
& illis *colorem rubrum* conciliant. Subſtantia
tendinea perpauca habet vaſa rubra.

NERVI muſculorum ſunt plurimi, qui in fibras carneas
non autem in tendineas abeunt.

NUMERUS muſculorum. *Pares* ſunt 218. *Impares*
VI. Hos in elencho * notavi.

USUS. Muſculi ſunt *organa motus*, quibus membra,
& viſcera moventur.

MUSCULI INTEGUMENTORUM
CRANII.

Integumenta, quæ calvariam tegunt, *antrorſum*, &
retrorſum moveri poſſunt. Hoc motu frons ru-
gatur, & ſupercilia elevantur.

MOTORES cutis antrorſum ſunt.

> *Muſculi frontales*, a marginibus orbitalibus
> oſſis frontis in aponevroſim cranii circa ca-
> pillitium frontis abeunt.

MOTORES cutis retrorſum ſunt,

> *Occipitales*, ab angulis lateralibus oſſis occi-
> pitis ſub aponevroſi cranii circa verticem
> in eandem definunt.

APONEUROSIS CRANII fpeciem mitræ format. Incipit a tuberofitate occipitali, afcendit, & tegit totum cranium ad radicem nafi, & margines orbitales ufque. Ad latera defcendens arcubus jugalibus adhæret. Cùm pericranio ope telæ cellulofæ admodum laxe, cum cute autem firmiffime cohæret. *Mitra* hæc *aponevrotica* mufculos occipitales, & temporales tegit, frontalea autem ipfi incumbunt.

MUSCULI SUPERCILIORUM.

Supercilia a mufculis frontalibus *elevari*, & a corrugatoribus ad fe invicem *adduci* poffunt. Hac actione cutis inter fupercilia in rugas longitudinales elevatur.

> *Corrugatores fuperciliorum*, a radice nafi ad cutem fuperciliorum abeunt.

MUSCULI PALPEBRARUM.

Palpebræ *claudi*, & *aperiri* poffunt.

CLAUSOR eft,

> *Orbicularis palpebrarum*, a proceffu nafali maxillæ fuperioris ortus, ab interno orbitæ cantho utramque palpebram in orbem ambit.

APERITORES.

> *Elevator palpebræ fuperioris*, a fundo orbitæ antrorfum pergens femper latior fit, & ad tarfum palpebræ fuperioris abit.

Depreffor palpebræ inferioris, ab offe jugali ad tarfum palpebræ inferioris pergit.

MUSCULI BULBI OCULARIS.

Bulbus oculi *furfum*, *deorfum*, *introrfum*, ac *extrorfum* moveri, atque aliquantum *furfum*, ac *deorfum* rotari poteſt.

RECTUS *fuperior* bulbum attollit.

RECTUS *inferior* deprimit.

RECTUS *internus* bulbos adducit.

RECTUS *inferior*, illos a fe invicem abducit.

OBLIQUUS *fuperior* bulbum movet antrorfum, & oblique verfus naſum pupillam vertit.

OBLIQUUS *inferior*, illum movet antrorfum, & oblique verfus caudam fupercilii pupillam vertit.

Quatuor *muſculi recti*, circa foramen opticum oriuntur, & ad bulbi ambitum anteriorem in tunicam fcelcroticam bulbi definunt.

OBLIQUUS *fuperior*, a latere interno circa foramen opticum ortus pergit antrorfum per trochleam in cantho interno orbitæ, & dein oblique reflectitur ad poſticam bulbi partem.

OBLIQUUS *inferior*, a ductu naſali ad poſticam partem bulbi oblique fub bulbo abit.

MUSCULI NASI.

Narium foramina *dilatari*, & aliquantum *anguſtari* poſſunt.

DILATATORES *narium*.

Levator alæ naſi, eſt faſciculus carneus, qui à levatore labii fuperioris, alæque naſi ad alam narium pergit.

CONSTRICTORES

Constrictores *narium.*

Compreſſor narium, ab oſſe maxillari mox ſupra dentem caninum ortus, format ſemicircu-
lum, & finitur in parte laterali naſi.

Depreſſor alæ naſi, ab alveolis dentium inciſo-
rum aſcendit ad ſeptum, & radicem alæ naſi.

MUSCULI LABIORUM ORIS.

Labia oris *aperiri*, & *claudi* poſſunt. At præter hanc
actionem quodlibet labium ſingillatim *levari*,
& *deprimi* poteſt.

Clausores labiorum, & appreſſores buccarum ad
dentes ſunt.

Orbicularis labiorum, utrumque labium arcuato
ſtrato fibrarum circumdat.

Buccinator, a ſuperiori ad inferiorem arcum
alveolarem pergit.

Levatores *labii ſuperioris.*

Levator labii ſuperioris, alæque naſi, ſub orbita a proceſſu naſali oſſis maxillaris ſuperioris
ortus, deſcendens faſciculo ad alam naſi dato,
finitur in labium ſuperius.

Levator proprius labii ſuperioris, a margine
inferiori orbitæ ad labium ſuperius.

Levator labiorum communis, ſub foramine nervi
infraorbitalis recta deſcendit ad angulum labiorum.

Naſalis labii ſuperioris, a ſepto narium utrimque ad orbicularem labiorum.

I

Zygomaticus major, ab offe zygomatico oblique pergit ad angulum labiorum.

Zygomaticus minor, ab offe zygomatico oblique ad labium fuperius.

Riforius, circa aurem ab expanfione tendinea
mufculi latiffimi colli ortus, figura arcuata de-
decurrit ad angulum labii fuperioris.

DEPRESSORES *labii fuperioris*.

Depreffor labiorum communis, feu *triangularis*, a margine inferiore maxillæ inferioris ad
angulum labiorum.

LEVATORES *labii inferioris*.

Levator labi inferioris proprius , feu *levator
menti*. Sub alveolo dentis incifivi exterioris
defcendit oblique in cutem, quæ mentum maxillæ inferioris tegit.

DEPRESSORES *labii inferioris*.

Depreffor labii inferioris prorius, feu *quadratus*, a margine inferiore menti oblique afcendit ad labium inferius.

Obliquus labii inferioris , cum fuo focio fe
decuffans a cute menti ad labium inferius
pergit.

Latiffimum colli, feu *Platyfinamyoideus* , latus,
fed tenuis , fub integumentis jam infra claviculam per collum ad mentum, labium inferius, & genas afcendens, mufculus.

MUSCULI MAXILLÆ INFERIORIS.

Maxilla inferior a fuperiori *deduci*, *adduci*, & a pterygoideis *quidquam* reduci poteſt.

DEPRESSORES maxillæ inferioris ſunt,

Biventres, a ſulco ſub proceſſu maſtoideo oriuntur, circa os hyoidis tendinei faſti, ipſi adhærent, dein iterum carnei ad ſpinam internam maxillæ inferioris.

LEVATORES *maxillæ inferioris* ſunt,

Temporales, a cavitate temporali ſub jugo zygomatico ad proceſſum coronoideum maxillæ inferioris.

Pterygoidei externi, e ſuperficie externa alæ externæ proceſſus pterygoidei oſſis ſphenoidalis ad collum maxillæ inferioris.

Pterygoidei interni, a ſuperficie interna alæ externæ proceſſus pterygoidei ad ſuperficiem internam anguli maxillæ inferioris.

Maſſeteres, ab arcu zygomatico ad angulum maxillæ inferioris.

MUSCULI AURIS EXTERNI.

Auricula magis *tendi*, & ſic concha, & meatus auditorius aliquantum *dilatari* poteſt.

Auricularis anterior, a proceſſu zygomatico. ⎫

Auricularis ſuperior, ſupra auriculam ab aponevroſi cranii. ⎬ ad concham auriculæ.

Auricularis poſterior, tribus faſciculis ad radicem proceſſus maſtoidei. ⎭

Antitragicus, a radice anthelicis descendit in antitragi partem supremam.

Major helicis, a processu cartilagineo acuto anteriore helicis ascendit in helicis cartilaginem.

Minor helicis, ab incisura helicis juxta antitragum ortus, ascendit per exteriora helicis.

Transversus auriculæ, exterius a conchæ dorso supremo ortus, retrorsum ad cavum anthelicis pergit.

MUSCULI AURIS INTERNI.

Inter officula auditus, malleus, & ftapes peculiares musculos habent, quibus officula, & mediantibus iisdem membrana tvmpani varie *tendi*, &' variis tremoribus aeris fonori *adaptari* poffunt.

Tensor tympani, a fulco in externa, & fuperiori tubæ Euftachianæ parte, ortus, pergit retrorfum in cavo tympani ad principium manubrii mallei.

Stapedius, a papilla offea, quæ in parte poftica, & inferiore tympani eft, ortus, ad capitulum stapedis pergit.

Laxator tympani, & *musculus mallei externus*, a variis authoribus defcripti, non videntur effe mufculi.

MUSCULI OSSIS HYOIDIS.

Os hyoides *levari*, *deprimi*, & *antrorfum duci* aliquantum poteft.

LEVATORES funt,

Mylohyoideus, a fymphifi maxillæ ad marginem inferiorem bafeos offis hyoidis.

Stylohyoideus , a proceffu ftyloideo defcendit ad bafim offis hyoidis.

DEPRESSORES.

Sternohyoideus, a fterno , & clavicula ad marginem inferiorem bafeos offis hyoidis.

Coracohyoideus, a margine fuperiore fcapulæ juxta proceffum coracoideum ortus , afcendit ad latera colli ad bafim , & cornua offis hyoidis.

MOTORES ANTRORSUM.

Geniohyoideus, a latere interno maxillæ in bafim, & cornua offis hyoidei.

M U S C U L I   L I N G U Æ.

Lingua miros motus peragere valet. Non folum *antrorfum*, *retrorfum*, & *ad latera* moveri, fed etiam a fuo mufculo *linguali* cochlearis inftar furfum, ac deorfum excavari, ad omne punctum oris moveri, brevior, & anguftior fieri poteft.

DEPRESSORES *linguæ* funt,

Ceratogloffus, a cornubus offis hyoidis. ⎫
Bafiogloffus, a bafi offis hyoidis ⎪ ad radicem linguæ.
Chondrogloffus , ab officulis triticeis ⎬
offis hyoidis. ⎭

LEVATORES *retrorfum*.

Styloglossus , ab apice proceffus ftyloidei offis temporum ad latera radicis linguæ.

I 3

Motores *antrorfum.*

Genioglossus, a fymphyfi maxillæ ad radicem
linguæ.

Cavatores *linguæ.*

Musculus lingualis, a radice ad apicem uterque
pergit. Cæteræ autem linguæ fibræ carneæ,
tranfverfæ, obliquæ, perpendiculares ita fibi
mutuo intertextæ funt, ut extricari nullatenus
poffint.

MUSCULI LARYNGIS.

Larynx *deprimi*, *elevari*, ac cartilago cricoidea ad
thyroideam *adduci* poteft.

Depressores *laryngis* funt.

Sternothyroideus, a fterno afcendit ad cartilaginem thyroideam.

Levatores.

Hyothyroideus, ab offe hyoide ad cartilaginem
thyroideam.

Adductor cartilaginis thyroideæ ad cricoideam.

Cricothyroideus, a cartilagine cricoidea pergit
ad thyroideam.

MUSCULI GLOTTIDIS.

Glottis, feu Rima laryngis magis *dilatari*, *anguftari*,
vel integre *claudi* poteft.

Dilatatores rimæ, feu glottidis funt duo.

Cricoarytænoideus *pofticus*, a parte ⎰ ad bafim
poftica cartilaginis cricoideæ ⎱ cartilaginis
Cricoarytænoideus *lateralis*, a lateri- ⎰ arytænoi-
bus cartilaginis arytenoideæ. ⎱ deæ.

CONTRACTOTORES rimæ, feu glottidis.

Thyroarytænoideus, interius a cartilagine thyroidea ad arytænoideam pergit.

Arytænoideus transverfus, eft mufculus impar, ab una cartilagine arytænoidea tranfverfim ad alteram pergit.

Arytænoideus obliquus, a bafi unius cartilaginis arytænoideæ oblique afcendit in apicem arytænoideæ oppofitæ. Hi mufculi cruciatim fe decuffant.

MUSCULI PHARYNGIS.

Pharyngis cavum magis *dilatari*, & *conftringi poteft*.

DILATATORES *pharyngis* funt,

Salpingopharyngeus, a cartilaginea parte Tubæ Euftachianæ in pofteriorem pharyngis partem.

Palatopharyngeus, a parte pterygoidea offis palatini.

Stylopharyngeus, ab apice proceffus ftyloidei

ad latera pharyngis.

CONSTRICTORES *pharyngis* funt.

Conftrictor pharyngis fuperior, a proceffibus pterygoideis, a maxilla inferiori prope ultimos dentes molares, demum ab ipfa lingua ad pharyngis ambitum fuperiorem pergit.

Conftrictor pharyngis medius, a bafi, cornubus, & officulis triticeis offis hyoidis ad medium pharyngis ambitum.

Conſtrictor pharyngis inferior, ſeu *ſphincter gulæ*, a cartilagine thyroidea, & cricoidea ambitum pharyngis inferiorem circumit.

MUSCULI VELI PALATINI.

Velum palatinum retrorſum *levari*, & aliquantum *detrahi* poteſt.

LEVATORES veli palatini ſunt,

Levator veli palatini, ab oſſe petroſo pone foramen ſpinoſum, & a fine tubæ Euſtachianæ in latera veli penduli deſcendit.

DETRACTORES *veli palatini*.

Conſtrictor iſthmi faucium, a lateribus linguæ in velum palatinum aſcendit.

Circumflexus palati prope tubam Euſtachianam ortus, pergit per hamulum apophyſis pterygoideæ, & abit in velum pendulum palatinum. Sub deglutitione obturat etiam *tubam Euſtachianam*.

MUSCULI UVULÆ.

Uvula proprium muſculum *levatorem* habet.

Azygus. Eſt muſculus impar, a comiſſura oſſium palatinorum in facie poſtica uvulam adit.

MUSCULI CAPITIS.

Caput *antrorſum*, *retrorſum*, & ad *latera* flecti, nec non *dextrorſum*, ac *ſiniſtrorſum* aliquantum rotari poteſt.

FLEXORES *antrorfum* funt,

Sternomaftoideus, a fterno ad proceffum maftoideum offis temporum.

Cleidomaftoideus, a clavicula, & prima cofta oblique retro proceffum maftoideum ad os occipitale.

Rectus anticus major, a proceffu tranfverfali 3. 4. 5. vertebræ colli.

Rectus anticus minor, a proceffu tranfverfo primæ vertebræ colli.

} ad os occipitis.

FLEXORES *capitis retrorfum* funt,

Splenius capitis, a fpinis quatuor vertebrarum colli, & quatuor dorfi, atque proceffu 1. & 2. vertebræ colli ad latus offis occipitis.

Biventer cervicis, a fpinis fummis vertebrarum dorfi duplici ventre ad occiput afcendit.

Complexus, ab apophyfibus tranfverfalibus fex inferiorum vertebrarum colli, & trium fuperiorum dorfi ad medietatem offis occipitis.

Trachelomaftoideus, ab apophyfibus tranfverfis quinque inferiorum vertebrarum colli adnectitur offi occipitis retro proceffum maftoideum.

Obliquus fuperior, ab apophyfi tranfverfa atlantis oblique afcendit ad os occipitis.

Rectus pofticus major, a fpina fecundæ vertebræ colli ad os occipitis fub complexo inferitur.

Rectus pofticus minor, a tuberculo poftico primæ vertebræ colli finitur prope foramen occipitale.

FLEXORES *capitis ad latus.*

 Rectus lateralis, ab apophyfi tranfver'a atlantis ad os occipitis prope apophyfim maftoideam.

ROTATORES *capitis.*

 Obliquus inferior, ab apophyfi fpinofa fecundæ vertebræ colli in apophyfim tranfverfam primæ vertebræ colli.

MUSCULI COLLI.

Collum *antrorfum, retrorfum,* & ad *latera* flecti, atque aliquantum *dextrorfum,* ac *finiftrorfum* rotari poteft.

FLEXORES *antrorfum.*

 Longus colli., a corporibus trium fuperiorum vertebrarum dorfi ad tuberculum anterius atlantis.

FLEXORES *colli retrorfum.*

 Splenius colli, a fpinis quatuor vertebrarum colli, dorfi, & a proceffu tranfverfo primæ, & fecundæ vertebræ colli ad latus offis occipitis.

 Spinalis cervicis; a proceffibus tranfverfis quatuor inferiorum vertebrarum colli, & fuperiorum quatuor dorfi ad apophyfes fpinofas vertebrarum colli.

 Interfpinales cervicis, ab una apophyfi fpinofa ad alteram, excepta vertebra prima.

FLEXORES *ad latus.*

 Intertranfverfarii priores, in antica, &

Intertransversarii posteriores, in postica parte,
ab uno processu transverso colli ad alterum
pergunt.

Scalenus, quadruplici capite a primis tribus costis ortus, ad apophyses transversas 5. inferiorum vertebrarum colli. Hinc alii hunc musculum in 4. dividunt, in *scalenum anticum*,
posticum, tertium, & *quartum*.

Rotatores *colli.*

Transversalis cervicis, a 5. vel 6. apophysibus
transversis vertebrarum dorsi ad 3. 4. 5. apophysim transversam vertebrarum colli.

Cervicalis descendens, a parte postica trium costarum superiorum ad processus transversos 2.
3. 4. vertebræ colli.

MUSCULI SPINÆ DORSI,
ET LUMBORUM.

Spina dorsi, & lumborum *antrorsum*, *retrorsum*, &
ad *latera* flecti, atque aliquantum *dextrorsum*, ac *sinistrorsum* rotari potest.

Flexores *antrorsum.*

Psoas parvus, a linea obliqua, ubi os pubis
ossi ileo jungitur, ad apophysim transversam
ultimæ vertebræ dorsi.

Flexores *retrorsum.*

Sacrolumbalis, seu *lumbocostalis*, ab osse sacro,
& ileo ad angulos omnium costarum, & processus transversus lumborum.

Multifidus spinæ, a tuberculis offis facri ad omnes vertebras folo atlante excepto afcendit.

Longiſſimus dorſi, ab offe facro, & ileo ad proceſſus tranfverfos, & fpinofos vertebrarum lumbalium, & 7. dorfalium.

Spinalis dorſi, eſt pars longiſſimi dorſi, oritur ab ultimis duabus fpinis dorfi, & fupremit duabus lumborum ad 7. vel 8. fpinas fupremas dorfi abit.

Interfpinales dorſi, ab una ad alteram fpinam dorfalem.

Interfpinales lumborum, ab una ad alteram fpinam lumbalem.

Fʟᴇxᴏʀᴇꜱ *ad latus.*

Quadratus lumborum, a labio interno criſtæ offis ilei ad apophyfes tranfverfas lumborum, & ultimam coſtam fpuriam.

intertranſverfales dorſi, ab una apophyfi transverfa vertebrarum dorfi ad alteram.

Intertranſverfales lumborum, ab una apophyfi tranfverfa lumbali ad alteram.

Rᴏᴛᴀᴛᴏʀᴇꜱ vertebrarum funt,

Semifpinalis dorſi, a prima fpina lumbali ad undecim fpinas dorfales.

MUSCULI COCCYGIS.

Os coccygis a quacunque caufa retropreſſum iterum *antrorſum* ducitur a 2. mufculorum paribus.

Ifchiococcygei, a fpina ifchii ad latera offis coccygis.

Sacrococcygei, ab interna fuperficie oſſis facri ad internam fuperficiem oſſis coccygis.

MUSCULI COSTARUM.

Coſtæ fub infpiratione *elevantur*, & fub exfpiratione *deprimuntur*.

LEVATORES coſtarum funt.

Intercoſtales externi, funt numero 22. ab uno coſtæ margine ad alterum oblique antrorfum ufque ad cartilagines coſtarum.

Intercoſtales interni, etiam ab uno coſtæ margine ad alterum oblique retrorfum, usque ad angulos coſtarum pergunt.

Levatores coſtarum, a proceſſibus tranfverfis ultimæ vertebræ colli, & undecim dorfi ad extremitates poſteriores coſtarum.

Serratus poſticus fuperior, a fpinis duarum ultimarum vertebrarum colli, & duarum primarum dorfi, ferratis infertionibus ad tres, vel quatuor coſtas veras, excepta prima.

DEPRESSORES *coſtarum*.

Serratus poſticus inferior, a fpinis trium ultimarum vertebrarum dorfi, & duarum primarum lumbalium ferratis finibus ad quatuor ultimas coſtas fpurias.

Triangularis fterni, feu *fternocoſtalis*, a medietate, & inferiori parte fterni afcendit ad catilagines ultimarum quinque coſtarum verarum.

MUSCULI DIAPHRAGMATIS.

Vide DIAPHRAGMA in *Splanchnologia.*

MUSCULI ABDOMINALES.

Abdominis cavum a 5. musculorum paribus ex omni parte *coactari* potest.

CONSTRICTORES abdominis sunt,

Obliqui externi, a crista ilei, & ossis pubis ad octo costas infimas 8 finibus digitatis pergunt.

Obliqui interni, a crista ilei, & ossis pubis ad marginem omnium costarum spuriarum, ultimæ veræ, & cartilaginem ensiformem.

Recti, ab osse pubis juxta lineam albam ad ultimas tres costas veras, primam spuriam, & cartilaginem ensiformem ascendit, & his partibus 4. digitationibus inferitur.

Portio hujus musculi, quæ supra umbilicum est, tres *inscriptiones tendineas* habet.

Pyramidales, a crista ossis pubis versus umbilicum in lineam albam abeunt.

Transversales, ab apophysibus transversis, & spinosis 4. superiorum vertebrarum lumbalium transversim ad lineam albam abeunt. *Inferius* ad cristam ilei, & pubis, *superius* ad internam superficiem costarum ultimarum verarum, & omnium spuriarum, atque ad processum ensiformem sterni adnectuntur.

PARTES, quas musculi abdominales *speciatim* formant, sunt sequentes:

1. *Linea alba* , est linea tendinea, quæ in medietate abdominis a cartilagine ad symphysim ossium pubis descendit. Supra umbilicum latior est, quam infra eum. Formatur a concursu trium parium musculorum , nempe ab obliquis internis, externis , & transversalibus.

2. *Linea semilunaris*, est etiam linea tendinea, sed figuræ semilunaris , quæ ad latera lineæ albæ in musculis obliquis externis formatur.

3. *Annulus umbilicalis* , est rotunda tendinea apertura in medietate lineæ albæ, quæ in fœtu *funiculum umbilicalem* transmittit , post partum autem concrescit.

4. *Annuli inguinales* , sunt duo hiatus oblongi , & tendinei, quorum unus in utroque inguine in inferiore parte musculi obliqui externi formatur. In *viris* per hos hiatus funiculi spermatici, in *fœminis* autem ligamenta uteri rotunda exeunt.

5. *Ligamenta inguinalia* , seu *Pupartii* , sunt infimi margines tendinei musculorum obliquorum externorum , quorum unus in utroque inguine a spina ilei anteriore, & inferiore ad cristam ossis pubis extenditur. Sub his ligamentis exeunt e cavo pelvis *vasa femoralia* , & *nervi crurales*.

6. *Vagina tendinea musculorum rectorum* formatur a musculis obliquis internis, qui circa

lineam femilunarem in* duas laminas apone-
vroticas dehifcunt, & inclufis mufculis rectis,
atque pyramidalibus in lineam albam abeunt.

MUSCULI ANI.

Orificium ani *aperiri*, & *claudi* poteſt.

DILATATORES orificii ſunt,

Levatores ani, ab interna ſuperficie oſſis pubis,
ilei, & iſchii radiatim ad inteſtinum rectum.

Tranſverſus perinœi, a tuberoſitate iſchii per
perinæum ad anum.

CONSTRICTORES ani ſunt,

Spincter ani externus, ſub integumentis communibus anum ambit.

Spincter ani internus, ab oſſe coccygis ambit
inſtar annuli carnei inteſtinum rectum.

MUSCULI TESTICULORUM.

Teſticuli proprium habent muſculum, quo aliquantum *levari* poſſunt.

Cremaſter teſticulorum, ab annulo inguinali, &
ligamento *Pupartii* ad ſuperficiem externam
tunicæ vaginalis funiculi ſpermatici.

MUSCULI URETHRÆ VIRILIS.

Membri virilis urethra, & glandula proſtrata ſub.
urinæ, aut ſeminis emiſſione *agitari*, & *com-
primi* poteſt.

COMPRESSORES

COMPRESSORES urethræ virilis funt.

> *Erectores penis*, feu *Ifchiocavernofi*, a tubero-
> fitate ifchii ad corpora cavernofa penis, usque
> ad offa pubis afcendunt.

> *Acceleratores*, ab ani fpinctere fupra bulbum ad
> latera corporum cavernoforum penis.

> *Compreffores glandulæ proftratæ*, a fynchon-
> drofi offium pubis fupra proftratam pergens
> evanefcit.

MUSCULI CLITORIDIS.

Clitoris peculiare mufculorum par habet, qui illam
comprimunt, & fic *erigunt*.

> *Erectores clitoridis*, ab offe ifchii ad corpora
> cavernofa clitoridis.

MUSCULI VAGINÆ MULIEBRIS.

Vaginæ orificium uno mufculorum pari magis *conftringi* poteft.

> *Conftrictores cunni*, a fpinctere ani ambiunt va-
> ginæ orificium ad clitoridem ufque.

MUSCULI VESICÆ URINARIÆ.

Veficæ cavum a tunica mufculofa, quæ *detrufor urinæ*
vocatur, *contrahi*, & collum veficæ a mufculo fpinctere *claudi* poteft.

> *Spincter veficæ*, a fpinctere ani ortus ambit col-
> lum veficæ.

K

MUSCULI CLAVICULÆ.

Clavicula peculiarem habet mufculum, quo elevata iterum *detrahi* poteft.

Subclavius, a cartilagine coftæ primæ ad inferiorem fuperficiem claviculæ.

MUSCULI SCAPULÆ.

Scapula, *levari*, *deprimi*, *adduci*, & *abduci* poteft.

LEVATORES fcapulæ funt,

> *Levator fcapulæ*, a proceffu tranfverfo fecundæ ufque ad quintam vertebram colli ad angulum fuperiorem fcapulæ.
>
> *Cucullaris*, feu *Trapezius*, ab offe occipitis, & omnibus fpinis colli, & 7. dorfi ad fpinam, & acromium fcapulæ. *Superior* portio hujus mufculi fcapulam levare, *media* adducere, *inferior* deprimere poteft.

ADDUCTORES fcapulæ.

> *Rhomboideus*, a fpinis quatuor vertebrarum colli, & quatuor dorfi ad marginem internum fcapulæ.

ABDUCTORES.

> *Serratus anticus major*, 8. digitationibus ab ultimis fex coftis veris, & primis duabus fpuriis fub fcapula ad marginem externum. Cum 8. digitationibus mufculi abdominalis obliqui fe decuffat.

Serratus anticus minor, feu *pectoralis minoi* - a cofta 2. 3. 4. ad proceffum coracoideum fcapulæ.

MUSCULI HUMERI.

Os humeri a 9. mufculorum paribus *levari*, *deprimi*, *antrorfum*, *retrorfum*, & in orbem moveri, atque aliquantum *introrfum*, ac *extrorfum* rotari poteft.

LEVATORES humeri funt,

Deltoides, a media clavicula, acromio, & fpina fcapulæ ad extremum fuperius humeri.

Coracobrachialis, a proceffu coracoideo ad medietatem humeri.

Suprafpinatus, a cavitate fuprafpinata fcapulæ ad tuberculum pofterius humeri.

DEPRESSORES humeri.

Pectoralis major, a medietate claviculæ, fterno, & 7. coftis veris ad tuberculum anterius humeri.

MOTORES *antrorfum: idem mufculus.*

MOTORES *retrorfum.*

Latiffimus dorfi, ab offe facro; crifta ilei, fpinis lumborum, & 7. fpinis dorfi, atque a quatuor infimis coftis fpuriis ad tuberculum pofterius humeri.

Sic *cavum fubaxillare*, anterius a tendine pectoralis majoris, pofterius a tendine latiffimi dorfi formatur.

K 2

Teres major, ab angulo inferiori fcapulæ ortus inferitur fub tuberculis brachii.

ROTATORES *antrorfum.*

Subfcapularis, a fuperficie fubfcapulari fcapulæ ad tuberculum anterius humeri.

ROTATORES *retrorfum.*

Infrafpinatus, a cavitate infrafpinata fcapulæ ad tuberculum pofterius humeri.

Teres minor, a margine anteriore fcapulæ ad tuberculum pofterius humeri.

MUSCULI ANTIBRACHII.

Antibrachium *flecti*, & *extendi*, *pronari*, & *fupinari* poteft.

FLEXORES antibrachii funt,

Biceps, uno capite fupra cavitatem articularem fcapulæ, altero capite a proceffu coracoideo ortus, & uno ventre formato, abit ad tuberculum fuperius radii. Longum caput in fulco tuberculorum locatur, & capfulam articularem humeri perforat. Tendo inferior *aponevrofim* dat, quæ totam fere antibrachii partem internam vaginæ inftar inveftit.

Brachieus internus, a medio humeri ad proceffum coronoideum cubiti.

EXTENSORES *antibrachii.*

Triceps brachii, 1. capite a collo fcapulæ. 2. a collo humeri, 3. a medietate humeri ad proceffum anconeum, feu olecranum cubiti.

Anconeus, a condylo externo humeri ad fupremam partem cubit pergit.

SUPINATORES.

Supinator longus, a condylo externo humeri ad infimum radium.

Supinator brevis, a condylo externo humeri ad fummum cubitum.

PRONATORES.

Pronator rotundus, a condylo interno humeri ad medietatem radii.

Pronator quadratus, ab infimo cubito ad infimum radium in interna fuperficie.

MUSCULI MANUS.

Manus mediantibus fex mufculorum paribus *extendi*, verfus dorfum *flecti*, verfus volam, & ad *latus* digiti minimi, vel pollicis moveri poteft.

EXTENSORES manus funt.

Radialis externus, a condylo externo per fulcum radii infimi *uno* capite ad bafim primi offis metacarpi, *altero* ad bafim fecundi offis metacarpi, ideo etiam *bicornis* vocatur.

Ulnaris externus, a condylo humeri externo ad bafim 4ti offis metacarpi.

FLEXORES.

Radialis internus, a condylo humeri interno per ligamentum transverfale carpi internum ad bafim primi offis metacarpi.

Ulnaris internus, a condylo humeri interno, ad os orbiculare carpi.

K 3

CONSTRICTORES *volæ manus.*

Palmaris longus, a condylo humeri interno, ligamento tranfverfali accretus, lata aponevrofi, *palmari* dicta, ad offa metacarpi.

Palmaris brevis, in vola manus fuperficiei inferiori cutis fub forma carnis quadratæ infertus mufculus. *Corrugat* cutem volæ manus.

MUSCULI DIGITORUM MANUS.

Mufculi, qui digitos movent in *communes*, qui omnes digitos, & in *proprios*, qui unum folummodo movent, dividuntur. *Pollex*, *digitus*, *index*, & *minimus* motores proprios habent.

Digiti *extendi*, *flecti*, *adduci*, & *abduci* poffunt.

FLEXORES digitorum *communes funt*,

Sublimis, feu *perforatus*, a condylo humeri interno, & extremitate fuperiori cubiti, & radii in 4. tendines divifus, fub ligamento tranfverfali interno ad 2dam phalangem digitorum bicorni fine abit.

Profundus, feu *perforatus*, a medietate cubiti in quatuor tendines divifus, fub ligamento transverfali carpi, & per fiffuras tendinum fublimium ad 3tiam phalangem digitorum.

Lumbricales funt 4. fub ligamento carpi a tendinibus mufculi profundi ad latera interna primæ phalangis digitorum.

EXTENSORES digitorum.

Extenfor digitorum communis, ab externo condylo humeri in quatuor tendines divifus fub

externo ligamento transverſali carpi ad primam phalangem digitorum ſub unguibus.

ADDUCTORES.

Interoſſei interni, ſunt 3. ab inferiori capitulo
oſſium metacarpi in vola manus ad latera
primæ phalangis digitorum.

ABDUCTORES.

Interoſſei interni, ſunt 3. ab inferiori capitulo
oſſium metacarpi in dorſo manus ad latera
primæ phalangis digitorum.

MUSCULI DIGITI INDICIS.

Digitus index duos *proprios* habet muſculos, *exten-*
ſorem, & *abductorem* proprium.

Extenſor indicis proprius, ab extremitate inferiore cubiti. ſub ligamento carpi interno ad
tertiam phalangem indicis.

Abductor indicis proprius, a prima phalange
pollicis, & baſi primi oſſis metacarpi ad latus primæ phalangis indicis.

MUSCULI DIGITI MINIMI.

Digitus minimus tres *proprios* habet muſculos. *Ex-*
tenſorem, *flexorem*, & *abductorem.*

Extenſor proprius digiti minimi, a condylo humeri externo, ad phalanges digiti minimi.

Flexor parvus digiti minimi, ab oſſe unciformi,
& ligamento carpi interno ad os metacarpi
digiti minimi, palmam manus cavam reddit,
& digitum minimum flectit.

Abductor digiti minimi, ab offe unciformi, & ligamento carpi interno ad latus externum primæ phalangis digiti minimi.

MUSCULI POLLICIS MANUS.

Pollex manus 8. proprios habet mufculos, qui illum *flectere, extendere, abducere*, & *adducere* valent.

F<small>LEXO R</small> pollicis eft.

Flexor pollicis longus, a medietate radii, & ligamento interoffeo fub ligamento carpi interno ad tertiam phalangem pollicis.

Flexor pollicis brevis, oritur ab omnibus fere offibus carpi, & definit in phalangem primam pollicis.

E<small>XTENSORES</small> pollicis funt,

Extensor pollicis major, a fuperiore extremitate cubiti, & ligamento interoffeo ad fecundam, & tertiam phalangem pollicis duplici tendine inferitur.

Extensor pollicis minor, a medietate cubiti fuper radium ad primam phalangem pollicis.

A<small>BDUCTORES</small> pollicis funt,

Abductor longus, ab extremitate inferiori cubiti, & radii ortus pergit ad capitulum, quod in metacarpo pollicis eft.

Abductor brevis, ab offe multangulo majori ad marginem externum primæ, & fecundæ phalangis pollicis.

A<small>DDUCTORES</small> *pollicis* funt.

Adductor pollicis, feu *hypothenar*, ab offe multangulo majori, & ligamento carpi interno ad primam phalangem pollicis.

Opponens pollicis, feu *antithenar*, a primo, & fecundo offe metacarpi ad phalangem primam pollicis.

MUSCULI FEMORIS.

Femur a 13. mufculorum paribus *antrorfum*, *retrorfum*, *extrorfum*, *introrfum*, ac in *orbem* moveri, atque aliquantum *extrorfum*, ac *introrfum* rotari poteft.

FLEXORES femoris verfus abdomen funt,

Pfoas magnus, a verteb. lumbor. ⎫ ad trochanterem minorem.
Iliacus internus, ab interna fuperficie offis ilei ⎭

EXTENSORES *femoris*.

Gluteus magnus, a circumferentia ilei, facri, & offis coccygis ad partem pofticam femoris.

ABDUCTORES funt,

Gluteus medius, ab offe ilei ad trochanterem majorem.

Gluteus minimus, ab offe ilei ad trochanterem minorem.

ADDUCTORES.

Triceps femoris, *primum* caput a fymphyfi pubis *fecundum* ab arcu pubis, *tertium* a tuberofitate ifchii ad lineam afperam femoris.

Pectineus, a margine fuperiori offis pubis &

Obturator externus, a circumferentia foraminis ovalis ad trochanterem majorem.

ROTATORES *extrorfum* funt,

Obturator internus, a circumferentia foraminis ovalis intra trochanteres.

Pyriformis, a latere offis facri ⎱ ad trochanterem
Geminus, a fpina ifchii ⎰ minorem.
Quadratus femoris , a tuberofitate ifchii intra
  trochanteres.

ROTATORES *introrfum.*
Tenfor fafciæ latæ, a labio externo ilei, liga-
  mento Pupartii, trochantere majori , & offe
  facro ad vaginam femoris.
Vagina tendinea femoris, tegit medias nates, fe-
  mur, & crus, fere ad malleolum fibulæ usque.

MUSCULI CRURIS.

Crus ope 10. mufculorum parium *flecti*, & *extendi*
  poteft.

EXTENSORES cruris funt 4.

Vaftus externus, a trochantere majori ⎫
Vaftus internus, a trochantere minori ⎪ tendine
Rectus cruris, a fpina ilei inferiori ⎬ communi
Cruræus, ab anteriori femoris fu- ⎪ fupra pa-
  perficie. ⎭ tellam defi-
  nunt in api-
  cem tibiæ.

FLEXORES *cruris* funt ,

Biceps primo capite a tuberofitate ifchii, altero
  a linea afpera femoris ad caput fibulæ.
Sartorius, a fpina fuperiori offis ilei. ⎫
Semitendinofus, a tuberofitate ifchii. ⎪ ad capitis
Semimembranofus , a tuberofitate ⎬ tibiæ par-
  ifchii. ⎪ tem inter-
Gracialis, a fimphyfi pubis. ⎪ nam, & po-
Popliteus, a condylo femoris externo. ⎭ fticam.

MUSCULI PEDIS.

Pes mediantibus 8. muſculorum paribus *antrorſum*, retrorſum, introrſum, & extrorſum* flecti poteſt.

FLEXORES antrorſum ſunt,

Tibiæus anticus, a condylo tibiæ externo ſub
ligamento transverſali tarſi ad primum os cuneiforme tarſi.

Peroneus tertius, ab interna ſuperficie fibulæ
ſub ligamento transverſo tarſi ad ultimum os
metatarſi.

EXTENSORES *pedis* ſunt,

Gaſtrocnemius, duplici capite ſupra condylos
femoris ortus, coit in craſſum ventrem, qui
ſurram format, & ſimul lato tendine in tuberoſitatem calcanei definit. Craſſus hicce
tendo *Tendo Achillis*, vocatur.

Soleus, ab extremitate ſuperiori tibiæ, & fibulæ,
gaſtrocnemiii ventri, & tendini Achillis jun-
ctus, ad tuberoſitatem calcanei.

Plantaris, a condylo femoris externo, parvo
ventre in longum definit, & gratialem tendinem, qui intra tendinem ſolei, & Achillis
ad tuberoſitatem calcanei definit.

ADDUCTOR *pedis* eſt,

Tibiæus poſticus, ab extremitate ſuperiori, &
poſtica tibiæ, & fibulæ retro malleolum internum abit ad os naviculare.

ADDUCTOR eſt,

Peroneus longus, ab extremitate ſuperiori, &
externa fibulæ retro malleolum externum, &

finuofitatem offis cuboidei verfus plantam pedis ad primum os metatarfi abit.

Peroneus brevis, a medietate fibulæ retro malleolum externum ad ultimum os metatarfi.

MUSCULI DIGITORUM PEDIS.

Mufculi, qui digitos pedis movent, in *commiunes*,
qui plures, & *proprios*, qui unum folummodo digitum movent, dividuntur. *Pollex*,
& *digitus minimus* motores habet proprios.

Poffunt autem digiti pedis *extendi, flecti, abduci, & adduci.*

EXTENSORES *communes* digitorum pedis funt,

Extenfor longus digitorum pedis, a ligamento interoffeo intra fuperiores extremitates fibulæ, &
tibiæ fub ligamento tarfi in quatuor tendines
divifus ad quatuor digitos pedis.

Extenfor brevis digitorum pedis, a fuperiore
fuperficie calcanei in quatuor tendines divifus ad pollicem, & tres digitos fequentes.

FLEXORES *communes digitorum pedis* funt,

Flexor brevis, feu *perforatus digitorum pedis*,
a fuperficie inferiori calcanei cum quatuor
tendinibus ad fecundam phalangem digitorum
pedis fiffo fine abit.

Flexor longus, feu *perforans digitorum pedis*, a
poftica fuperficie tibiæ retro malleolum internum ad plantam pedis in quatuor tendines dehi-
fcit, qui per fiffuras tendinum flexoris brevis
ad tertiam phalangem digitorum abeunt.

Lumbricales, omnes quatuor tendinibus flexoris longi ad primas phalanges digitorum.

ADDUCTORES *digitorum pedis* funt,

Subcutaneus plantæ, a calcaneo lata aponevrofi
cuti accreta in totam plantam abit, *corrugat*
plantam pedis.

Interoffei 3. *inferiores*, ab extremitatibus offium
metatarfi in planta pedis ad latera primarum
phalangum digitorum.

ABDUCTORES *diditorum*,

Interoffei 4. *fuperiores*, a fuperficie interna in
dorfo pedis intra offa metatarfi ad primam
phalangem digitorum pedis.

MUSCULI ROLLICIS PEDIS.

Pollex pedis *extenforem*, *abductorem*, & *adductorem*
proprium habet.

EXTENSORES funt,

Extenfor pollicis proprius, ab inferiori extremitate fibulæ, & tibiæ fub ligamento transverfo
ad dorfum pollicis usque ad unguem.

FLEXORES *pollicis*,

Flexor pollicis longus, ab inferiore extremitate
fibulæ fub malleolo interno in plantam pedis
ad phalanges pollicis.

Flexor pollicis brevis, ab offe cuneiformi tertio
in planta pedis abit ad os fefamoideum fub
prima phalange pollicis.

Abductor *pollicis* eſt,

   Abductor, ſeu *Thenar pollicis*, a calcaneo, na-
     viculari, & cuneiformi oſſe magno ad latus
     primæ phalangis pollicis.

Adductores *pollicis* ſunt,

   Adductor pollicis, ſeu *Antithenar*, ab extremi-
     tate trium oſſium metatarſi ad latus externum
     pollicis.

   Transverſalis pedis, a quatuor oſſibus metatarſi
     tranſverſim ad latus externum pollicis.

MUSCULI DIGITI MINIMI PEDIS.

Digitus minimus pedis proprium *flexorem*, & proprium *abductorem* habet.

   Flexor digiti minimi, a poſtica extremitate
     quinti oſſis metatarſi ad baſim tertiæ phalan-
     gis digiti minimi pedis.

   Abductor digiti minimi, ab externa parte calca-
     nei juxta os metatarſi extimum ad extimam ſu-
     perficiem primæ phalangis digiti minimi.

SPLANCHNOLOGIA

SEU

DOCTRINA

DE VISCERIBUS.

ELENCHUS SPLANCHNOLOGIÆ.

DIVISIO corporis humani.

Integumenta communia corporis.

Epidermis.

Cutis.

Ungues.

Pili.

Membrana adiposa.

De capite generatim.

Dura mater.

Membrana arachnoidea.

Pia mater.

Cerebrum.

Cerebellum.

Medulla oblongata.

Medulla fpinalis.

Oculus.

Auris.

Nafus.

Cavitas oris.

Lingua.

De collo.

Fauces.

Pharynx.

Oefophagus.

Larynx.

Trachea.

De Thorace.

Mammæ.

Mammæ,
Pleura.
Diaphragma.
Pulmones.
Pericardium.
Cor.
De abdomine.
Peritonæum.
Omentum.
Ventriculus.
Inteſtina.
Meſenterium.
Hepar.
Veſicula fellea.
Pancreas.
Viæ lacteæ.
Renes.
Veſica urinaria.
Partes genitales virorum.
Partes genitales mulierum.
Partes uteri gravidi.
Placenta uterina.
Funiculus umbilicalis.
Ovum membranaceum fœtus.
Liquor amnii.
Fœtus.

L

DIVISIO CORPORIS
HUMANI.

CORPUS humanum dividitur
in *Caput*,
Truncum, &
Extremitates.

CAPUT dividitur in *faciem*, & *partem capillatam.*

PARS CAPILLATA capitis dividitur
in *verticem*,
— *synciput*,
— *occiput*, &
— partes duas
laterales.

FACIES dividitur in *frontem*
— *tempora.*
— *nafum.*
— *oculos.*
— *os.*
— *buccas.*
— *mentum.*
— *aures.*

Truncus corporis dividitur in *collum.*

      — *thoracem.*

      — *abdomen.*

Collum dividitur in *partem anticam,* inqua *Pomum Adami,* seu *larynx* tangitur,

in *partem posticam,* in qua *fossa nuchæ* est.

— partes *laterales.*

Thorax dividitur in *partem anticam,* in qua *mammæ* sunt. Fovea sub sterno in parte infima thoracis vocatur *scrobiculus cordis.*

in *partem posticam,* quæ *dorsum* vocatur.

— *partes laterales,* quæ *latera thoracis* dicuntur.

Abdomen dividitur in *regionem anticam,* quæ *abdomen* proprie vocatur.

in *regionem posticam,* quam *lumbos* dicunt.

& in *regiones laterales,* quas *latera abdominis* vocant.

Regio abdominis *antica* subdividitur in 3. Regiones.

I. in *regionem epigastricam,* cujus latera nominantur *hypochondria.*

II. in *regionem umbilicalem,* cujus latera dicuntur *regiones lumbales.*

III. in *regionem hypogastricam,* cujus latera vocantur *ilia.*

Pubis est sub abdomine, *regio pilosa,* cujus latera *Inguina* vocantur.

Sub *pube* sunt *partes genitales.*

in *viris scrotum,* & *penis.*

in *mulieribus labia,* & *rima vulvæ.*

L 2

Spatium, quod inter partes genitales, & aperturam ani eft, vocatur *Perinæum*.

EXTREMITATES dividuntur in *superiores*, & *inferiores*.

EXTREMITAS superior dividitur,
> in *summitatem* humeri, sub qua *fovea axillaris* eft.
> in *brachium*
> in *antibrachium*, in quo *flexura*, & *angulus cubiti* notatur.
> in *manum*, quæ *volam*, & *dorsum* habet.

MANUS in *carpum*
> *metacarpum*, &
> *digitos* dividitur.

DIGITI dividuntur in *pollicem*.
> — *indicem.*
> — *digitum longum.*
> — *digitum annularem.*
> — *digitum auricularem.*

EXTREMITAS inferior dividitur.
> I. in *femur*, cujus extima, & suprema pars *coxa*, seu *regio ischiadica* dicitur.
> II. in *crus*, quod *genu*, *cavum poplitis*, & *suram* habet.
> III. in *pedem extremum*, in quo *dorsum*, & *planta pedis. Malleolus externus*, & *internus* eft.

PES extremus in *tarsum.*
> *metatarsum.*
> *digitos.*

Interna corporis *divisio* est in tria cava principalia,
ut Cavum *cranii, thoracis, abdominis.*

INTEGUMENTA COMMUNIA CORPORIS.

Sub nomine integumentorum communium intelligun-
tur tres membranæ, quæ externam superficiem totius corporis investiunt.

    1. *Epidermis.*
    2. *Cutis.*
    3. *Membrana adiposa.*

EPIDERMIS.

Est tenuis, & pellucida membrana, quæ totam extimam superficiem corporis tegit, & simul in
omnes aperturas, ut oris, nasi, ani, vulvæ,
urethræ intrat, & ibi intimam superficiem
viscerum obducit.

DIVISIO in *superficiem extimam,* quæ sicca est.
    in ————— *intimam,* quæ *mucosa* est,
       & *mucus Malpighianus*
    vocatur.

CONNEXIO cum cute per *mucum malpighianum.*
    per *pilos.*
    per *vasa exhalantia.*

SUBSTANTIA. Constat ex tenuissima telula cellulosa, quæ ex cute efflorescit, & quæ muco Malpighiano repletur, & admodum porosa, & insensilis est, nec nervos habet. *Extima superficies* est tela cellulosa admodum *condensata.*

L 3

CRASSITIES in facie admodum tenuis, in *vola*
manus, & *planta* pedis admodum craffa eft.

COLOR in muco malpighiano fedet, qui *albus* in
europæis, *niger* in æthiopibus, *fufcus* in hi-
fpanis eft.

USUS Senfiles papillas cutaneas tegit, ne aere ex-
ficcentur, & doleant. Hinc moderatur tranfpi-
rationem, & fenfilitatem cutis.

C U T I S.

Eft membrana craffa, quæ inter epidermidem, &
telam cellulofam locatur, totam fuperficiem
externam corporis tegit, atque etiam in omnes
aperturas fe infinuat.

DIVISIO in *fuperficiem exteriorem*, quæ cum epidermide
in *fuperficiem interiorem*, quæ cum tela
cellulofa cohæret.

SUBSTANTIA ex textura *fibrofa*, *vafculofa*, &
nervea.

ARTERIÆ CUTANEÆ exhalant perpetuo liquidum
tenue.

VENÆ CUTANEÆ inhalant, feu abforbent illa,
quæ cuti applicantur.

NERVI CUTANEI in fuperficie fuperiori, præcipue
in digitorum apicibus, *papillas nerveas* formant, quæ organum tactus conftituunt.

In inferiori fuperficie cutis fedent *glandulæ fubcutaneæ*, quæ febum fecernunt, & *bulbi pilorum*,
e quibus pili excrefcunt.

Usus. Cutis est *organum sensationis.*

    ——— *Exhalationis.*

    ——— *Inhalationis.*

    ——— *Defensionis.*

UNGUES.

Sunt laminæ corneæ, quæ apicibus digitorum manus, & pedis inhærent.

Divisio in *marginem.*

    —— *radicem.*

    —— *latera.*

Substantia est cornea, epidermide tecta, e muco malpighiano exsiccato nata, sine vasis, & nervis.

Usus 1. ad defendendas papillas nerveas a contusione.

    2. ad res minutas colligendas.

PILI.

Sunt filamenta tenuia, ex cute excrescentia, elastica, sicca.

Substantia. Constant I. *bulbo*, qui sub cute hæret, & qui vesicula vasculosa, & nervea est.

    II. ex *trunco*, qui cutem, & cuticulam perforat *succo colorato*, & peculiari *vagina* componitur.

Color varius est, castaneus, ruffus, albus, niger. Coloris in succo medulloso pili *sedes est.*

SITUS varius eft, & *nomen* varium, ut pili vocantur
   Capilli in' capite.
   Supercilia fupra oculos.
   Cilia in margine palpebrarum.
   Vibriffæ in narium foraminibus.
   Pili auriculares in meatu auditorio.
   Miftax eft barba in fuperiori.
   Barba eft in inferiori maxilla.
   Pili fubaxillares fub axillis.
   — *ani*, circa anum.
   — *pubis* in regione pubis.
   — *Cutanei*, feu *lanugo*, quæ in toto cor-
      pore fere eft, vola manus, & planta
      pedis exceptis.

LONGITUDO, & *ufus* pilorum admodum variat.

M E M B R A N A   A D I P O S A.

Eft membrana ex *cellulis* exiguis membranaceis formata.

SITUS, fub cute infra mufculos, omnesque partes
   molles.

DIVISIO in *telam cellulofam*, quæ vaporem tenuem
   — *membranam adipofam*, quæ oleum
      craffum continet.
   — *textum fibrofum*, quod ex folis fila-
      mentis conflatur.

SUBSTANTIA ex tenui membrana, quæ cellulas
   exiguas variæ figuræ format. Hæ cellulæ vafculis funt plenæ, & peculiaribus *aperturis*
   inter fe communicant.

Usus. Superficiem corporis tegit, defendit, partium mollium omnium vinculum est commune, frigus arcet, fibras musculares reddit lubricas, flexiles conservat. Omnium fere membranarum substantias format.

DE CAPITE GENERATIM.

Partes, quæ caput constituunt, dividuntur
    in *externas*, & *internas*.

Partes *externæ*, seu *continentes* sunt
    I. *Integumenta communia* cum *capillis*.
    II. *Expansia tendinea*.
    III. Tria paria *musculorum*, qui cranii ambitum tegunt.
        2. *Musculi frontales*.
        2. ——— *temporales*.
        2. ——— *occipitales*.
    IV. *Pericranium*.
    V. *Cranium* ipsum, quod ex duabus tabulis, & intermedio diploe constat.

Partes *internæ*, seu *contentæ* sunt,
    I. Tria *integumenta cerebri*, nempe:
        dura mater.
        membrana arachnoidea.
        pia mater.
    II. *Cerebrum*.
    III. *Cerebellum*.
    IV. *Medulla oblongata*.
    V. 9. *paria nervorum*.

VI. 4. *Arteriæ* 2. *Carotides internæ.*

2. *Vertebrales.*

VII. 22. *Sinus venosi.*

DURA MATER.

Eſt membrana craſſa, quæ internæ ſuperficiei cranii
præcipue circa ſuturas fortiter adhæret.

PROCESSUS, quos format, in *internos*, & *externos* dividuntur.

PROCESSUS *interni* ſunt:

I. *Proceſſus falciformis*, qui a criſta galli oſſis
ethmoidei incipit, per medietatem oſſis frontis, ſub ſutura ſagittali, & medietatem oſſis
occipitalis progreditur, atque in ſpina cruciata hujus oſſis finitur. Figuram habet falcis,
& cerebrum in duo hemiſphæria dividit.

II. *Tentorium cerebelli*, proceſſus membranoſus
eſt, qui a medietate oſſis occipitalis ad margines ſuperiores oſſis petroſi, tentorii adinſtar,
extenſus eſt.

III. *Septum cerebelli*, proceſſus parvus eſt, qui
longitudinaliter inferiori medietati oſſis occipitalis adhæret, & cerebellum aliquantum
ſubdividit.

PROCESSUS *externi* ſunt totidem, ac foramina cranii nempe 10. *pares*, & 2. *impares*, a foramine per quod exeunt nomen habent. Maxi-
mus proceſſus externus eſt.

Vagina medullæ spinalis, quæ illam per totum specum vertebralem vaginæ adinstar comittatur.

SUBSTANTIA duræ matris conftat ex duplici lamina, quæ texto fibrofo cohærent.

ARTERIÆ funt, *meningea anterior*, ramus carotidis externæ eft, qui per fiffuram orbitalem fuperiorem, &

——— *media* etiam carotidis externæ ramus, qui per foramen fpinofum intrat.

——— *pofterior*, ramus arteriæ vertebralis eft, qui in ipfo cranii cavo nafcitur.

VENÆ. *Sinus venofi* vocantur in dura matre. Numero funt XXII, quorum primi tres Chyrurgo notabiles.

I, *Sinus longitudinalis fuperior*, qui fupra foramen cæcum offis frontalis incipit, dein in margine fuperiori proceffus falciformis fub offe frontis, futura fagittili, & offe occipitali ad medietatem hujus offis finitur in duos *ramos laterales*, qui vocantur.

II. 2 *Sinus laterales*, qui in offe occipitali arcus adinftar a finu longitudinali ad foramen lacerum pergunt, & ibi exeunt in venas jugulares internas.

III. *Sinus longitudinalis inferior*, qui in inferiori margine proceffus falciformis eft.

IV. *Sinus, torcular Herophili* dictus, super tentorio cerebelli.

V. 2 *Sinus occipitales anteriores*, ad latera foraminis occipitalis magni.

VI. *Sinus occipitalis posterior*, in septo cerebelli.

VII. 2 *Sinus transversi*, processus basilaris ossis occipitis.

VIII. 6 *Sinus petrosi* in osse petroso.

    2 *anteriores.*

    2 *medii*, seu *superiores.*

    2 *posteriores.*

IX. 2 *Sinus cavernosi*, ad latera sellæ turcicæ ossis sphenoidalis. Sunt capacissimi.

X. *Sinus circulares*, sellæ turcicæ, qui glandulam pituitariam abiunt.

XI. 2 *Sinus orbitales*, infra fissuras orbitales.

NERVI. Insensilis membrana nullos habet nervos.

GLANDULÆ, globatæ sunt, & a *Bacchione* nomen habent *Bacchionianæ.*

USUS Periostium internum cranii, & sinus firmat. Cerebrum defendit, continet.

Processus interni cerebrum, & cerebellum a proprii ponderis pressione defendunt.

——— externi vaginas nervorum, & medullæ spinalis formant.

MEMBRANA ARACHNOIDEA.

Est membrana tenuis telæ araneæ similis, quæ intra duram, & piam matrem locatur, & non solum cerebrum, fed etiam cerebellum, medullam oblongatam, & medullam spinalem singulatim circumveſtit.

Substantia eſt tenuiſſimum textum filamentoſum, quod ſine vaſis, & nervis eſt.

Usus hujus membranæ ignoratur.

PIA MATER.

Tenuis eſt membrana, quæ cerebro, cerebello, medullæ oblongatæ, & ſpinali firmiſſime accreta eſt.

Substantia eſt fere penitus vaſculoſa.

Processus choroideus, eſt proceſſus vaſculoſus piæ matris, qui in anterioribus ventriculis cerebri locatur.

Usus hujus membranæ eſt, ut vaſa cerebri diſtribuat, & ſubſtantiam cerebri contineat.

CEREBRUM.

Eſt magnum illud viſcus, quod in cranii cavo continetur.

Figura eſt fere ovalis, Cerebrum hominis eſt omnium animalium maximum.

Divisio *ſuperius*, a proceſſu falciformi in *duo hemiſphæria.*

inferius a baſi cranii in 6. *lobos* dividitur.

Substantia cerebri dividitur in *corticalem*, & *medullarem.*

Subſtantia corticalis exterior eſt, mere vaſculoſa, criſei coloris, & ubique gyroſa.

————— *medullaris* interior totum cerebri volumen facit, mere nervea eſt, albi coloris.

CAVA PRINCIPALIA CEREBRI ſunt,

I. 2 *Ventriculi anteriores*, ſeu *laterales*, ſunt
duo cava ſemilunaria, quæ a mediis cerebri
lobis ad primos excurrunt, & *ſepto pellucido* a ſe invicem ſeparantur. Vapor aqueus,
& plexus choroideus piæ matris in illis continetur.

II. *Ventriculus tertius* eſt ſpatium, quod inter
thalamos nervorum opticorum relinqitur. Rimam oblongam repræſentat hic ventriculus,
duo orificia habens, *unum anterius*, quod in
ejus principio, *alterum poſterius*, quod in
ejus fine eſt.

Orificium anterius vulva, ſeu *rima* ad infundibulum
vocatur. *Infundibulum* eſt canalis, qui a vulva,
ad glandulam pituitariam in ſella turcica locatam, abit.

Orificium poſterius, *anus*, ſeu *rima* ad aquæ ductum Sylvii vocatur, qui ductus canalis eſt,
qui ſub corporibus quadrigeminis finitur cum
magna valvula cerebri.

III. *Ventriculus quartus* eſt ſpatium, quod intra
cerebellum, & medullam oblongatam relinquitur. In hoc ventriculo rima eſt, oblonga,
quæ *calamus ſcriptorius* vocatur, a valvula

magna cerebri incipiens, in fundo hujus ventriculi finitur.

PROMINENTIÆ PRINCIPALES cerebri funt,

1. *Corpus callofum*, eft prominentia oblonga medullaris, quæ diductis anterioribus, & mediis cerebri hemifphæriis confpicua eft, a concurfu medullæ utriusque hemifphærii nafcitur.

2. *Centrum ovale*, eft fuperficies medullæ totius, undique refecto cortice fe confpectui exhibens.

3. *Raphe.* Sunt ftriæ duæ medullares prominentes, quæ fecundum longitudinem gibbæ fuperficiei corporis callofi decurrunt.

4. *Septum pellucidum*, eft membrana medullaris, duplici lamina parum diftantibus conftans, ortis ex inferiore fuperfice corporis callofi, & terminatis in fuperficiem fuperiorem cruris anterioris fornicis. Dividit ventriculos cerebri laterales à fe invicem fecundum longitudinem.

5. *Fornix* eft corpus medullare tribus cruribus conftans, in fundo ventriculorum fub fepto pellucido locatum. *Crus anterius* fub fepto pellucido incipit, & circa fummam circumferentiam corporum ftriatorum terminatur. *Crura pofteriora* poftrorfum eundo arcuum inftar a fe invicem fecedunt, & terminantur ad finem ventriculorum lateralium. Hi fines *cornua ammonis*, feu *arietis* vocantur.

6. *Lyra*, feu *Pfalterium.* Fibræ medullofæ prominentes, plures, chordarum lyræ inftar,

quæ in inferiori superficie ad locum dehiscen-
tiæ cruris anterioris fornicis locantur.

7. *Processus digitales.* Sunt corpora medullaria
oblonga, superiori margini cornuum arietis
insidentia.

8. *Pedes Hyppocampi*, sunt extremitates procef-
suum digitalium.

9. *Corpora striata*, sunt duæ protuberantiæ coloris crisei, anterius sub singulo ventriculo
antico una locatur.

10. *Thalami nervorum opticorum*, sunt protuberantiæ duæ posteriores ventriculorum cerebri, extus albicantes intus crifeæ, definentes
in nervos opticos.

11. *Valvula magna cerebri*, est pavimentum
aquæductus Sylvii.

12. *Comissura anterior superior*, est cylinder
medullaris ex utriusque hemisphærii medulla
concurrente genitus, decurrit supra vulvam
sub fornice.

13. *Commissura posterior cerebri*, est cylinder
medullaris alius supra anum locatus.

14. *Corpora quadrigemina*, quæ 4. prominentiæ medullares sunt. Anteriores vocantur *nates*, posteriores autem *testes*.

15. *Nates* hærent mox pene thalamos nervorum
opticorum.

16. *Testes* mox retro nates locantur.

17. *Glandula pinealis*, est tuberculum cerebri-
num, constans cortice, & pauca medulla,
apice

apice deorſum verſo in interſtitio natium hærens, & eis pro parte incumbens.

18. *Glandula pituitaria,* non eſt prominentia
cerebrina, ſed vera glandula globata, quæ
intra duplicaturam duræ matris in cavitate ſellæ
turcicæ hæret.

19. *Eminentiæ candicantes,* ſunt duæ ſphærulæ
medullares albiſſimæ, quæ pone infundibulum in baſi cranii locantur.

20. *Crura cerebri,* ſunt duæ columnæ medullares, craſſiores cruribus cerebelli. Exeunt
ex baſi cerebri ſub corporibus ſtriatis, progrediuntur poſtrorſum, & terminantur in pon-
tem Varolii.

INDOLES CEREBRI. Cortex ejus eſt inſenſilis, medulla autem eſt ſenſliſſima.

ARTERIÆ CEREBRINÆ ſunt rami *carotidum in-*
ternarum, & vertebralium.

NERVI, Cerebrum nervos non habet, ſed 9. paria
emittit

VENÆ, ex cortice cerebri redeunt, & ſe evacuant
in 22. ſinus venoſos duræ matris.

USus cerebri eſt, ut ex cortice vaſculoſo ſecernatur
in tubulos medullæ tenuiſſimum liquidum,
quod *liquidum nerveum* vocatur, quod ſenſi-
bus, atqué motui muſculorum inſervit.

CEREBELLUM.

Eſt cerebrum parvum in foſſis occipitalibus inferioribus, ſub tentorio locatum.

M

Figura eſt rotunda.

Divisio a ſepto cerebelli in *lobum* dextrum, & finiſtrum.

Substantia externa *corticicalis*, ſed craſſior, quam in cerebro, interna *medullaris* eſt.

Prominentiæ.

Crura cerebelli, ſunt duæ columnæ, ex medulla cerebelli exeuntes, & in potem Varolii terminatæ.

Proceſſus vermiformis anterior, eſt lacertus tumidus inſtar vermis ſpiraliter contortus, ex cortice, & medulla confectus, hærens ad interſtitium anterius loborum cerebelli.

Proceſſus vermiformis poſterior, eſt lacertus ſimilis priori, hærens ad interſtitium oppoſitum cerebelli.

Arbor vitæ, eſt medulla cerebelli, intra corticem ejus inſtar arboris in ramos collecta, quæ mediatim diſſecto cerebello apparet.

Cavitates', ſeu ventriculos cerebellum nullos habet.

Vasa cum cerebro communia ſunt.

Usus cerebelli idem eſt, ac cerebri.

MEDULLA OBLONGATA.

Eſt pars mere medulloſa, quæ proceſſui baſilari oſſis occipitis incumbit, facta ex concurrentibus cruribus cerebri, & cerebelli. In ea notatur.

1. *Pons Varolii*, eft corpus connexum longitudinaliter decurrens, & medullam oblongatam
in fuperficie fuperiori in lobos duos dividens.

2. *Corpora pyramidalia*, funt duæ prominentiæ
medullares internæ, &

3. *Corpora olivaria*, funt tales prominentiæ externæ, quæ omnes quatuor inferiorem medullæ oblongatæ fuperficiem, & finem conftituunt.

MEDULLA SPINALIS.

Est continuatio medullæ oblongatæ, quæ in fpecum
vertebralem a foramine occipitali magno ad
tertiam vertebram lumborum defcendit.

FIGURA eft cylindrica, in fine definit in varios nervos, qui *caudam equinam* formant.

INTEGUMENTA. Habet vaginam ex dura matre,
arachnoidea, & pia matre.

SUBSTANTIA eft extus medullaris, intus corticalis.

ARTERIÆ *fpinales anteriores* funt rami ab arteriis
vertebralibus e cranio retrogradi.

VENÆ, quæ fpinales dicuntur, varios *finus* in fpecu
vertebrali formant.

USUS eft, ut emittat 31. paria nervorum, qui *fpinales* vocantur.

OCULUS.

Partes, quæ oculum conftituunt, dividuntur in illas,
quæ *extra*, & eas, quæ *intra* bulbum oculi
locantur.

M 2

PARTES EXTERNÆ sunt,

1. *Supercilia*, duo arcus pilosi supra orbitam locati.

2. *Cilia*, pili parvi, rigidi, tarsis palpebrarum accreti.

3. *Palpebræ*, quarum una *superior*, altera *inferior* est. *Margines* habent cartilagineos, qui *tarsi* vocantur. Ad marginem tarsorum glandulæ locantur, quæ *Meibomianæ* dicuntur.

4. *Glandula lachrymalis*, quæ in externo orbitæ cantho in peculiari fovea ossi frontali insculpta locatur, ex hac glandula sex, vel plures canales, qui *ductus lachrymales* vocantur, exeunt, & in interna superficie palpebræ superioris aperiuntur.

5. *Caruncula lachrymalis*, quæ in interno tarsorum palpebralium angulo locatur.

6. *Puncta lachrymalia*, sunt duo orificia callosa, quæ in apicibus tarsorum in internum palpebrarum angulum hiant. Unum in superiori, alterum in inferiori palpebra est.

7. *Canales lachrymales*, sunt duo canales tenues qui a punctis lachrymalibus incipiunt, atque unus eorum supra, alter infra carunculam lachrymalem in saccum lachrymalem abit.

8. *Saccus lachrymalis*, est saccus membranaceus figuræ ovalis, qui in peculiari fossa ossea, ab osse lachrymali, & maxillari superiori formata, in interno oculi cantho locatur. Con-

ſtat duplici membrana, *exrerna* tendinea, *interna* pituitaria eſt.

9. *Ductus naſalis*, eſt canalis membranaceus, qui ab inferiori parte ſacci lachrymalis per canalem oſſeum deorſum, ac paulo retrorſum in cavitatem narium abit, & ſub inferiori oſſe ſpongioſo in naribus aperitur.

10. *Membrana ſemilunaris*, quæ retro carunculam lachrymalem locatur, in homine parva eſt, & ab uno tarſorum palpebralium apice ad alteram extenditur.

11. *Muſculi palpebrarum*, vide *Myologiam.*

12. *Muſculi bulbi ocularis*, quorum 6. ſunt, v. *Myologiam.*

13. *Pinguedo orbitalis*, quæ bulbum, & muſculos obducit.

14. *Orbita* eſt cavitas conoidea, quæ 7. oſſibus formatur, & perioſteo, quod *Periorbitam* vocant, obducitur, v. *Oſteologiam.*

15. *Membrana conjunctiva*, quæ a colore etiam *albuginea* vocatur, eſt membrana laxa, quæ internam palpebrarum ſuperficiem bulbi, nempe ſcleroticam, & corneam transparentem obducit.

Bulbus oculi conſtat octo *membranis.*
duabus *cameris*, &
tribus *humoribus.*

M 3

MEMBRANÆ bulbi omnes 8. fibi folummodo contiguæ, non autem continuæ funt.

4. in *parte poftica* bulbi.

> *Sclerotica.*
>
> *Choroidea.*
>
> *Retina.*
>
> *Hyaloidea.*

4. in *parte antica* bulbi.

> *Cornea tranfparens.*
>
> *Iris.*
>
> *Uvea.*
>
> *Capfula lentis cryftallinæ.*

1. *Membrana fclerotica*, quæ eft extima., craffa, dura, albicantis coloris a nervo optico incipit, cavum fphæricum format, & ad marginem corneæ transparentis definit. Difcus anterior fcleroticæ pellucidus eft, innumeris lamellis concentricis, & pellucidis conftat, & *cornea tranfparens* vocatur.

2. *Membrana choroidea*, eft media bulbi tunica nigri coloris, admodum vafculofa, a nervo optico incipit, internam fuperficiem fcleroticæ ad marginem corneæ transparentis ufque obducit. Hic loci a cornea fecedit, & transverfim recta introrfum reflectitur, & velum liberum, in medio foramine rotundo perforatum, format. Hic membranaceus proceffus choroideæ in anteriori fuperficie *Iris*, in pofteriori fuperficie *Uvea* vocatur. Et foramen rotundum in medietate relictum, dicitur *Pu-*

pilla. Hoc foramen dilatari, & anguſtari poteſt a fibris motricibus non viſibilibus.

3. *Membrana retina* intima bulbi tunica eſt, albicantis coloris, & muco ſimilis, a nervo
optico, cujus propago medullaris eſt, incipit, intimam ſuperficiem choroideæ uſque ad
marginem lentis cryſtallinæ obducit, ibique
finitur.

CAMERÆ OCULI ſunt,

1. *Camera anterior*, eſt ſpatium cavum, hemi-
ſphæricum, quod *anterius* a concava ſuperficie corneæ transparentis, & *poſterius* a ſuperficie iridis, & pupillæ formatur.

2. *Camera poſterior*, eſt ſpatium illud parvum
quod *anterius* a tunica uvea, & pupilla, *poſterius* autem a ſuperficie anteriori lentis cryſtallinæ relinquitur. Utraque oculi camera
humore aqueo plena eſt.

HUMORES OCULI ſunt,

1. *Humor aqueus* eſt humor, qui utramque
oculi cameram implet.

2. *Lens* cryſtallina eſt corpus pellucidum, lentem magnitudine, & forma referens, ex lamellis tenuiſſimis, pellucidis, & concentricis
conſtans, quod retro pupillam in peculiari fovea, humori vitreo impreſſa, & peculiari
membranacea, pellucidaque capſula libere incluſa eſt. Hoc receptaculum vocatur *capſula
lentis* cryſtalinæ. Et margo inter lentem, &

M 4

capfulam, aqua impletus, dicitur *Canalis Petitianus*.

3. *Humor vitreus*, eft corpus pellucidum, fphæricum, magnum, quod totam bulbi cavitatem a fundo ufque ad uveam fere explet, & fuftinet.' Conftat cellulis tenuiffimis, pellucidiffimis, quæ fimili lympha explentur. Extima ejus tota fuperficies, membrana forti, pellucidiffima tamen, inveftitur, quæ *membrana hyaloidea* vocatur. In anteriori humoris vitrei parte fovea eft, cui infidet lens cryftallina.

Ambitus humoris vitrei circa capfulam lentis *orbiculo* a ftrigiis nigris formato, circumdatur, qui *ligamentum ciliare* vocatur.

CONNEXIO BULBI *antrorfum* fit ope conjunctivæ cum palpebris, *poftrorfum* ope mufculorum rectorum bulbi, & *nervi* optici, & pinquedinis cum *orbita*.

ARTERIÆ oculi funt *orbitalis interna*, & *centralis* nervi optici, quæ nervum perforans retinæ dat rámos, & *arteriam opticam*, quæ per humorem vitreum ad lentem pergit.

VENÆ oculi fe evacuant in *venam ophthalmicam*, hæc in venas jugulares externas.

NERVI funt: *opticus*, qui in poftica bulbi parte fcleroticam, & choroideam perforat, & dein tunicam retinam conftituit. Demum *rami a tertio, quarto, quinto, & fexta* pari nervorum cerebri.

USUS oculi. Eft organum vifus.

A U R I S.

PARTES MOLLES, quæ aurem conſtituunt, dividuntur in *externas*, & *internas*.

Partes *molles externæ* ſunt,

1. *Auricula*, quæ cartilaginea, & macilentis integumentis veſtita eſt. In auricula notantur variæ prominentiæ, & finus. Ut

Helix, ſeu margo replicatus extimæ peripheriæ.

Anthelix eſt longiuſcula· protuberantia ante helicem ſita.

Tragus eſt eminentia in margine anteriore helicis.

Antitragus, eminentia in parte inferiori. anthelicis.

Concha auriculæ vocatur cavum, ſub anthelice reperiendum.

Scapha, ſeu *foſſa navicularis*, quæ in parte anteriori anthelicis eſt.

Lobulus, qui inferius ab auricula dependet.

2. *Meatus auditorius externus*, a concha auriculæ ad tympanum pergit.

3. *Membrana tympani*, quæ in fine meatus auditorii deprehenditur, & ex 4. *tunicis*, epidermide, cute, membrana communi, & perioſteo auris internæ conſtat.

Partes *molles internæ* ſunt,

1. *Perioſtium* auris internæ.

2. *Membrana communis* auris internæ.

3. *Tuba Euſtachiana*, quæ oſſea, & anguſta ex cavo tympani oritur, dein amplior, & cartila-

ginea fit, & tandem limbo membranoſo retro
velum palatinum juxta alam externam procef-
ſus pterygoidei finitur.

Musculi, qui oſſicula auditus, & auriculam movent, in *Myologia* explicantur.

Arteriæ auris ſunt,

    Auditoria externa, quæ carotidis externæ, &

    Auditoria interna, quæ arteriæ vertebralis ra-
    mus eſt.

Venæ auditoriæ in jugulares externas ſe evacuant.

Nervi *auris internæ* ſunt rami, *nervi auditorii*
    mollis.

Nervi *auris externæ* ſunt, rami *nervi auditorii duri.*

Glandulæ, quæ cerumen ſecernunt, locantur ſub
    cute meatus auditorii externi.

Ossa, quæ cavitatem auditus conſtituunt in *Oſteolo-*
    gia recenſentur.

Usus. Auris eſt *organum auditus.*

N A S U S.

Prominentia faciei, quæ *Naſus* vocatur, dividitur.

    in *radicem,*

    — *dorſum,*

    — *apicem,* &

    — *alas* naſi.

Partes *molles*, quæ oſſa naſi tegunt, ſunt,

    1. *Integumenta communia.*

    2. *Muſculi*, qui alas narium movent in *Myolo-*
    gia deſcribuntur.

3. *Cartilagines*, qui nafum conftituunt, funt,
    pars antica fepti, &
    alæ nafi.

4. *Perioftium*, & *perichondrium* nafi.

Partes *molles narium*, feu nafi interni funt,

   1. *Membrana pituitaria* narium, quæ nervea,
    & vafculofa eft, muco oblinita, & totam fu-
    perficiem internam narium, finuumque, &
    offa fpongiofa narium inveftit.

   2. *Perioftium narium*, quod offa obducit.

Ossa, quæ nafum, atque nares conftituunt, in *ofteologia* recenfita fuere.

Arteriæ narium funt rami *maxillaris internæ*.

Venæ fe evacuant in *jugulares internas*.

Nervi, qui in membrana pituitaria *papillas nerveas*
formant, funt *rami nervi olfactorii, nervi
ophthalmici*, & *maxillaris fuperioris*.

Glandulæ muciparæ membranæ pituitariæ mucum narium excernunt.

Usus nafi eft pro *odoratu*.

              refpiratione.

              loquela.

              ornamento faciei.

CAVITAS ORIS.

Partes, quæ oris cavum conftituunt, funt *externæ*,
& aliæ *internæ*.

Partes oris, *externas* faciunt,

   1. *Labia oris*, quorum unum *fuperius*, alterum
inferius eft. In his notanda veniunt.

Frænula, plicæ cutaneæ funt, quæ medietatem internam labii ad gingivas nectunt.

Anguli, feu commiffuræ labiorum.

Philtrum, feu oblonga fovea in medietate labii fuperioris.

Margines rubri labiorum, qui cute admodum vafculofa, & nervea conftant, atque fubtili epidermide, quam *Epithelium* vocant, teguntur.

2. *Mentum*, feu pars prominula, & media fub labio inferiori, quæ in viris adultis *Barba* circumdatur. *Miftax* autem eft barba labii fuperioris.

3. *Buccæ*, quæ partes molles, mufculofæ, & laterales labiorum oris funt.

Substantia harum partium integumentis communibus, variis mufculis, & utraque maxilla conftat.

Arteriæ *oris externi*, funt rami arteriæ *infraorbitalis*.
   alveolaris inferioris, &
   facialis, quæ *coronarias* labiorum dat.

Venæ harum partium in *jugulares externas* fe evacuant.

Nervi funt a *quinto*, & *feptimo* pari, nempe rami *nervi infraorbitalis*.
   —— *maxillaris inferioris*.
   —— *auditorii duri*.

PARTES *oris internas* conftituunt.

1. *Palatum*, quod craffa cute tectum eft, & ad uvulam ufque prolongatur.

2. Duo *arcus alveolares*, qui gingivis obdu-cuntur.

3. *Gingivæ*, quæ fubftantia admodum vafcu-lofa, & elaftica conftant.

4. *Lingua*, quæ oris cavum in *fupralinguale*, & *infralinguale* dividit.

5. *Buccarum cavum*, quod intra buccas, & den-tes eft.

6. Tria *paria glandularum falivalium*, earum-que *ductus excretorii*, vide *Adenologiam*.

7. *Offa*, quæ oris cavum conftituunt, ut ma-xilla inferior, & fuperior, offa palatina, dentes, & os hyoides in *Ofteologia* recen-fentur.

MEMBRANA ORIS COMMUNIS, quæ omnes has partes molles inveftit, nerveo-vafculofa eft, & cuti continua.

USUS oris eft *mafticatio.*

loquela.

refpiratio.

deglutitio.

fuctio.

guftus.

LINGUA.

ESt corpus mufculofum, in omnem ambitum mo-bile, in oris cavo fitum.

DIVISIO linguæ est in *basim*; seu radicem.

corpus.

latera.

apicem.

atque a *linea*, seu *sulco mediano* in medietatem *dextram*, & *sinistram* dividitur.

CONNEXIO. *Basis* ope musculorum ossi hyoidi adhæret.

Superficies inferior, ope plicæ cutaneæ, quæ *frænulum* vocatur, fundo cavi infralingualis adnectitur.

Latera linguæ per ligamenta membranacea maxillæ inferiori alligantur.

FORAMEN CÆCUM, quod glandulis muciparis plenum, in basi linguæ supernè conspicuum est.

PAPILLÆ NERVEÆ triplicis figuræ; *pyramidales*, *fungiformes*, & *conoideæ* in superiori linguæ superficie observantur.

SUBSTANTIA linguæ carnea est, quæ crasso integumento investitur.

INTEGUMENTUM linguæ constat I. *cuticula.*

II. *muco malpighiano* tenuissimo.

III. *cute* admodum papillosa, &

IV. *tela cellulosa.*

SUBSTANTIA CARNEA, fibras *longitudinales, transversales obliquas*, & *verticulas* exhibet.

MUSCULI, qui linguam movent in *intrinsecos*, & *extralinguales* divisi, in *Myologia* considerantur.

ARTERIÆ LINGUALES, funt utrimque rami *caro-*
tidis externæ, atque in inferiori linguæ fuperficie, *raninæ* vocantur.

VENÆ in *jugulares externas* fe evacuant.

NERVOS lingua habet magnos a *quinto pari.*

ab *octavo*, &

a *nono* pari.

GLANDULÆ muciparæ multæ, circa foramen cæcum in lingua locantur.

USUS linguæ. Infervit *loquelæ.*

mafticationi.

deglutitioni.

fuctioni.

guftui.

DE COLLO GENERATIM.

Partes, quæ collum conftituunt, dividuntur
in *externas*, feu *continentes*, &
in *internas*, feu *contentas.*

Partes *externæ* funt,

1. *Integumenta communia.*
2. *Mufculi.*
3. *7 vertebræ colli.*
4. *Medulla fpinalis colli.*
5. *8 Paria nervorum cervicalium.*
6. *2 Arteriæ carotides.*
7. *2 Arteriæ vertebrales.*
8. *2 Venæ jugulares externæ.*
9. *2 Venæ jugulares internæ.*

    10. *Glandulæ jugulares.*
    11. *Glandula thyroidea.*
    12. *Nervorum cerebri par octavum,*
           & intercostale magnum.

Partes internæ funt 1. *Fauces.*
              2. *Pharynx.*
              3. *Oefophagus.*
              4. *Larynx.*
              5. *Trachea.*

F A U C E S.

CAVUM, quod retro linguam, & velum palatinum
  eft, fic vocatur.

Pars suprema formatur a proceffu bafilari offis
  occipitalis.

Pars antica a *foraminibus pofticis* narium.
  ab *uvula*, quæ pars glandiformis eft, ab offi-
    bus palatinis in fauces pendula.
  ab *amygdalis*, quæ partes glandulofæ funt, &
    ad latera veli penduli hærent.
  a *velo pendulo*, quod membrana eft ad latera
    uvulæ arcus adinftar ab offibus palatinis de-
    pendens.

Pars poftica faucium a corporibus vertebrarum
  colli

Pars infima a larynge, a pharynge formatur.

Partes laterales conftituuntur a proceffu petrofo
  offis temporis, ex quo *tubæ Euftachianæ* in
  fauces hiant, & retro amygdalas aperiuntur.

                                MEMBRANA

MEMBRANA COMMUNIS, muciparis glandulis plena, inveftit omnes has partes.

ARTERIÆ FAUCIUM, funt rami *carotidis externæ,* præfertim *maxillaris internæ.*

VENÆ fe evacuant in venam *jugularem internam.*

MUSCULOS, qui uvulam, velum pendulum, laryngem, & pharyngem movent, vid. in *Myologia.*

OSSA, quæ fauces conftituunt v. in *Ofteologia.*

NERVI funt a pari *quinto*, & *octavo.*

USUS faucium. Inferviunt *Deglutitioni.*

Refpirationi.

Loquelæ.

Auditui.

PHARYNX.

Eft *faccus* mufculofus, qui infundibulo fimilis, retro laryngem faucibus adhæret, & in œfophagum terminatur.

Ope fuorum mufculorum adnectitur bafi cranii, vertebris colli, laryngi, & offi hyoidi. V. *Myolog.*

OESOPHAGUS.

Eft tubus membranaceo-mufculofus, qui a pharynge ad ventriculum defcendit.

SITUS. A termino pharyngis incipit, in collo retro tracheam, & ante corpora vertebrarum colli aliquantum finiftrorfum, dein in cavo poftico mediaftini per pectus, & foramen finiftrum diaphragmatis in cardiam ventriculi abit.

N

SUBSTANTIA eſt ex 4. membranis, quarum
 1. *communis.*
 2. *muſcularis.*
 3. *nervea.*
 4. *villoſa* eſt.

ARTERIÆ OESOPHAGEÆ ſunt rami *Aortæ.*

VENÆ ſe evacuant in *azigam.*

NERVOS habet ab *octavo* pari, & nervo intercoſtali magno.

GLANDULÆ MUCIPARÆ ubique ſub interna membrana locantur. Glandulæ duæ magnæ *dorſales*
œſophagi dictæ, circa 4. vertebram dorſi aſſident.

USUS eſt pro *deglutitione.*

L A R Y N X.

Eſt *capſa cartilaginea*, quæ retro linguam in parte
antica faucium locatur.

Conſtat ex 5. *cartilaginibus.*
 variis muſculis.
 & *interna membrana nervea.*

CARTILAGINES ſunt,
 1. *Cartilago annularis*, ſeu *crycoidea*, quæ
 partem inferiorem conſtituit, cui reliquæ
 inſident.
 2. *Cartilago thyroidea*, ſeu *ſcutiformis*, quæ latiſſima eſt, annulari inſidet, & partem anticam laryngis format.
 3. *Epiglottis*, quæ potius membrana cartilaginea, elaſtica eſt, ſupremæ parti cartilaginis
 ſcutiformis adhæret, & retroprimi poteſt.

4. Duæ *cartilagines arytenoideæ*, quæ margini
poſtico, & laterali cartilaginis annularis inſident; antrorſum flectuntur, & ſic *rimam* intra ſe relinquunt, quæ *rima laryngis* vocatur, ſeu *glottis.*

MEMBRANA NERVEA glandulis muciparis plena,
internam ſuperficiem laryngis obducit.

MUSCULI, qui laryngém movent, & proptii, qui
rimam ejus ampliare, & anguſtare valent, in
Myologia recenſentur.

ARTERIÆ LARYNGEÆ ſunt rami *carotidis ex-*
ternæ.

VENÆ laryngis in *jugularem internam* ſe evacuant.

NERVI laryngis ſunt rami *octavi* paris.

GLANDULA, quæ *thyroidea* vocatur, magna eſt, &
cartilagini annulari adhæret.

USUS. Larynx eſt organum vocis, & ſimul reſpirationi inſervit.

T R A C H E A.

Eſt *tubus* ex annullis cartilagineo-carneis conſtans,
qui ante œſophagum a larynge incipiens ad
jugulum ſterni deſcendit, & ibi in duos ramos, quos *bronchia* vocant, dividitur.

Bronchia hæc pulmonum ſubſtantiam ingreſſa,
in innumeros ramulos dividuntur, qui in *ve-*
ſiculas pulmonales ultimis finibus terminantur.

Annuli cartilaginei cum tracheæ, tum bronchiorum, non ſunt integre cartilaginei, ſed in
parte poſtica carnei fiunt.

Spatia interannularia, ex fibris muſcularibus longitudinalibus, & annularibus conſtant.

MUSCULI MESOCHONDRIACI LONGITUDINA-LES ſunt fibræ muſculares, quæ ab uno ad alterum deſcendunt annulum tracheæ, atque bronchiorum. Accurtant tracheam, & bronchia.

MUSCULI MESOCHONDRIACI TRANSVERSA-LES ſunt fibræ muſculares, quæ tranſverſim ab uno ſegmenti annularis defectu ad altum pergunt. Coarctant tracheam, & bronchia.

INTERNA SUPERFICIES laryngis, tracheæ, bronchiorum, & veſicularum pulmonalium *membrana nervea*, glandulis muciparis plena, inveſtitur.

EXTIMA, & anterior tracheæ ſuperficies tegitur muſculis *ſternohyoideis*, & *ſternothyroideis*.

VASA, & *nervos* cum larynge communia habet.

USUS eſt ad *reſpirationem*, & *loquelam*.

DE THORACE GENERATIM.

CAVUM, quod intra collum, & abdomen locatur, thorax, vel pectus vocatur.

FIGURA hujus cavitatis caveæ aviculari ſimilis eſt, *inferius* latius, & a diaphragmate convexo terminatur, *ſuperior pars* anguſtior, & obtuſa eſt.

CAVUM thoracis in 5. cavitates a mediaſtino dividitur.

in cavitatem *thoracis dextram*, & *ſiniſtram*.
in cavitatem *pericardii*.

CAVUM thoracis in ſpatium *mediaſtini anticum.*

     —————— *poſticum.*

PARTES, quæ thoracem conſtituunt, dividuntur,

        in *externas,* ſeu *continentes,* &

        in *internas,* ſeu *contentas.*

Partes *externæ,* ſeu *continentes* ſunt,

   1. *Integumenta communia,*

   2. *Mammæ,*

   3. *Muſculi,*

      2. *pectorales majores*

      2. ——————— *minores.*

     22. *intercoſtales externi,*

     22. ——————— *interni.*

   4. *Oſſa.*

     24. *Coſtæ.*

     12. *vertebræ dorſi.*

     1. *ſternum.*

   5. *Pleura.*

Partes *internæ,* ſeu *contentæ* ſunt,

   1. In utraque *cavitate thoracis* ſunt *pulmones.*

   2. In cavo *pericardi* eſt *cor* cum auriculis, ſinu-
      bus, & initio magnorum vaſorum.

   3. In antico ſpatio mediaſtini eſt *glandula thy-
      mus,* & *tela celluloſa.*

   4. In poſtico ſpatio mediaſtini eſt.

     1. *Oeſophagus.*

     2. *ductus thoracicus.*

     3. *Arcus aortæ,*

     4. *rami venæ cavæ.*

     5. *vena azygos.*

6, *octavum par nervorum.*

7. *Par nervi intercostalis magni.*

Fundus thoracis a *diaphragmate* formatur, quod cavum thoracis a cavo abdominis discernit.

MAMMÆ.

Sunt duo hemisphæria mollia, quæ antiex, & laterali thoracis regioni adhærent, & in sexu fæmineo magis conspicuæ sunt.

In medietate externæ superficiei *Papilla*, & circa eam orbiculus coloratus, qui *discus* papillæ vocatur, eminet,

Substantiam mammæ constituunt.

1. *Integumenta communia.*

2. *Substantia adiposa*, quæ ejus mollitiem, & magnitudinem format.

3. *Glandulæ lacteæ*, quæ ejus *nucleum* constituunt, & in unam massam collectæ sunt.

4. *Vasa lactea*, quæ etiam vasa *galactophora* vocantur. Hæc ex glandulis lacteis oriuntur, & abeunt in papillam, in qua 10. tubulis extrorsum aperiuntur.

Arteriæ vocantur *mammariæ: externa* arteriæ axillaris.

Interna mammaria arteriæ subclaviæ ramus est.

Venæ mammariæ se evacuant in venam axillarem, & subclaviam.

Nervi sunt rami superiorum costalium, qui a dorsalibus oriuntur.

Vasa lymphatica abeunt, & se evacuant in glandulas subaxillares.

Usus est lactatio neunatorum.

PLEURA.

Est *membrana*, internam superficiem thoracis investiens, & ibi duos quasi saccos formans.

Dividitur in *superficiem internam*, quæ polita, & semper humida.

in *superficiem externam*, quæ cellulosa est.

Processum format magnum, qui *Mediastinum* dicitur. Hoc sepimentum est, quod thoracis cavum in duas cavitates discernit. Nascitur a duplicatura saccorum duorum pleuræ, cujus duplicaturæ laminæ a corporibus vertebrarum dorsi antrorsum per medietatem thoracis prolongantur, ac internæ sterni superficiei aliquantum sinistrorsum adhærent.

In hac duplicatura mediastini antrorsum sub sterno, & postrorsum circa corpora vertebrarum dorsi, spatium triangulare relinquitur, quod vocant *Spatium triangulare anticum*, & *posticum*.

Partes, quæ in his spatiis locantur, dictæ sunt.

Connexio pleuræ est cum costis, musculis intercostalibus, sterno, & corporibus vertebrarum dorsi. Inferius cum pericardio, & diaphragmate.

Substantia pleuræ est ex texto fibrosa, & vasculosa.

Arterias habet ab intercostalibus.

N 4

VENÆ se evacuant in intercostales.

NERVOS paucos, vel nullos habet.

USUS est, ut thoracis superficiem politam reddat, thoracem dividat: Pulmonibus, & pericardio extimam det membranam.

DIAPHRAGMA.

Est *sepimentum* carneo-tendineum, quod thoracis cavum a cavo abdominis discernit.

SITUS est obliquus, ab apice sterni retrorsum, & deorsum ad corpora vertebrarum lumbarium usque.

DIVISIO 1. in *superficiem superiorem*, quæ convexa in *superficiem inferiorem*, quæ concava est.

    2. in *Centrum*, quod tendineum, & in *Ambitum*, qui carneus est.

ADHÆSIO. *Antrorsum* processui ensiformi sterni, ultimis duabus costis veris, & margini cartilagineo omnium costarum, spuriarum adhæret. *Postrorsum* duo *crura carnea* format, quæ corporibus vertebrarum lumbarium adhærent.

SUBSTANTIA est in centro tendinea, in ambitu carnea. *Superficies superior* pleura, *superficies inferior* peritoneo tecta est.

TRES APERTURÆ.

    1. *Foramen dextrum*, quod in latere dextro, & tendineum est. Transmittit venam cavam ascendentem, quæ ex abdomine in thoracem assurgit.

2. *Foramen sinistrum*, quod in sinistro latere diaphragmatis est, & transmittit œsophagum ex thorace in abdomen.

3. *Hiatus posticus* diaphragmatis, qui inter crura postica formatur. Ille hiatus transmittit arteriam aortam, venam azygos, & ductum thoracicum.

ARTERIÆ DIAPHRAGMATICÆ sunt ab aorta descendente.

VENÆ se evacuant in venam azygos.

NERVI DIAPHRAGMATICI, seu PHRENICI sunt a nervis spinalibus colli.

USUS. Diaphragma inservit 1. *respirationi*.

2. *situi cordis*.

3. *Expulsioni* excrementorum, & partus.

PULMONES.

Sunt duo viscera in cavitatibus thoracis locati, quibus respiramus.

DIVISIO in *dextrum*, & *sinistrum* pulmonem.

dexter in 3.

sinister in 2. dividitur *lobos*: in inferiori lobo pulmonis sinistri *excisura* est pro pericardio.

CONNEXIO pulmonis cum collo ope *tracheæ*. Cum corde ope *vasorum* pulmonalium est.

SUBSTANTIA pulmonis est,

1. *Vesicularis*, quæ a cellulis formatur.

2. *Vasculosa*, quæ retis ad instar cellulas investit.

3. *Bronchialis*, quæ minimis tubulis in cellulas hiat.

BRONCHIA in minores ramos, & demum in minimos ramulos, qui in veficulas pulmonales ultimo hiant; in pulmonum fubftantia dividuntur.

MEMBRANA EXTIMA, à pleuræ eft, & externam fuperficiem pulmonum arcte circumveftit.

MEMBRANA INTERNA pulmonum, quæ fuperficiem aeream bronchiorum, & veficularum pulmonalium inveftit, nervea eft, atque membranæ internæ tracheæ continua.

VASA PULMONUM dividuntur in *communia*, & *propria*, feu *pulmonalia*, & *bronchialia*.

Communia funt *arteria*, & *vena pulmonalis*, quæ ab ipfo corde pulmonibus dantur.

Propria funt *arteria*, & *vena bronchialis*, quæ aortæ, & venæ azygos funt propagines.

NERVOS habent pulmones ab *octavo* pari, & *intercoftali magno*.

VASA LYMPHATICA in externa fuperficie confpicua funt.

GLANDULÆ, *bronchiales* dictæ, circa bronchia locantur, & muciparæ funt.

USUS pulmonum eft in *refpiratione*,
in *fanguificatione*,
in *voce*.

PERICARDIUM.

Eft faccus membranaceus, qui cor circumdat.

Adhæsio. *Infra* diaphragmati,
   in lateribus pleuræ.
      anterius sterno, & cartilaginibus costarum
         verarum sinistrarum inferiorum.
      posterius œsophago, & aortæ descendenti
      superius venis, & arteriis magnis, quæ
         ex corde egrediuntur, adhæret.
Arteriæ pericardinæ sunt rami a mammariis
   internis, & mediastinis.
Venæ pericardinæ in mammarias internas,
   & alias se evacuant.
Nervi sunt a cardiacis superficialibus.
Usus pericardii est 1. cor continere ne suo motu
   pulmones impediat, ut ab iis impediatur, atque ne libere fluctuare possit. Vaporem secernere, qui cor lubricet, & humectet, atque a concretione cum pericardio præservet.

C O R,

Est *visus* musculosum in cavo pericardii locatum,
   quod sanguinis motui inservit.
Divisio cordis *externa* est,
      in *basim*, seu partem latam,
      — *superficiem superiorem.*
      —————— *inferiorem.*
      — *marginem anteriorem.*
      ———————— *posteriorem.*
Divisio cordis *interna* est in *dextrum*, & *sinistrum ventriculum.*
Situs cordis obliquus est, non transversalis. Basis
   versus corpora vertebrarum dextrorsum, &

apex versus sextam costam finistrorsum oblique locatur, adeo ut *sinister* ventriculus fere
posterior, *dexter* autem anterior sit. *Superficies inferior*, diaphragmati incumbit.

CAVA, quæ cordis basi adhærent, sunt,

Auricula dextra, quæ saccus est muscularis,
qui suo orificio in ventriculum dextrum,

Auricula sinistra similis saccus est, qui suo orificio in ventriculum sinistrum hiat.

Sinus venosus dexter, qui a vena cava formatur, & in auriculam dextram aperitur.

Sinus venosus sinister, qui a venis pulmonibus
formatur, & in sinistram auriculam hiat.

Ipsa *cordis* cava; *ventriculi* vocantur, hi a sepimento
carneo, quod *septum cordis* dicitur, in *dextrum*, & *sinistrum* discernuntur.

ORIFICIA CORDIS. Quilibet ventriculus in sua
basi duo *orificia* habet, unum *auriculare*, per
quod sanguis intrat, alterum *arteriosum*,
per quod iterum exit.

VALVULÆ. Quatuor hæc orificia *valvulas* habent,
quæ in orificiis arteriosis *semilunares*, in orificio auriculari dextro *mitrales*, in orificio
auriculari sinistro *tricuspidales* vocantur.

Valvula autem *Eustachii* est in eo loco, quo vena
cava inferior cum superiori concurrit.

SUBSTANTIA cordis *musculosa* est.

Fibræ exteriores sunt longitudinales, *mediæ*
transversales, *intimæ* obliquæ.

Interna ventriculorum superficies *trabibus carneis* reticulata quasi est.

INTEGUMENTA CORDIS. Utraque cordis superficies *membrana* forti, & polita investitur. Et peculiari sacco membranaceo, qui *Pericardium* vocatur, & cor cum auriculis, sinubus, & vasis magnis ex corde oriundis, includit, circumdatur.

VASA cordis dividuntur in *communia*, & *propria*.

Communia sunt *aorta*, quæ a ventriculo sinistro.

Arteria pulmonalis, quæ e ventriculo dextro oritur.

Venæ pulmonales, quæ in sinum venosum sinistrum, &

Vena cava, quæ in sinum venosum dextrum se evacuat.

Propria cordis vasa sunt,

Arteriæ coronariæ cordis, quæ ab aorta in cor abeunt.

Venæ coronariæ, quæ a corde redeuntes in auriculam dextram se evacuant.

NERVI cordis, rami sunt ab *octavo*, & a pari *intercostali magno*.

USUS cordis. Est primarium motus sanguinis organum.

DE ABDOMINE.

CAVITAS, quæ thoracem inter, & pelvim locatur.

DIVISIO externa est in varias alibi dictas *regiones*.

DIVISIO interna eſt in tres cavitates.

in *cavitatem peritonæi.*

in *cavitatem lumbalem.*

in *cavitatem pelvis.*

PARTES, quæ abdomen conſtituunt, dividuntur,

in *externas*, ſeu *continentes.*

& in *internas*, ſeu contentas.

PARTES EXTERNÆ, ſeu *continentes* ſunt,

1. *Integumenta communia.*

2. 5. *Paria muſculorum abdominalium.*

duo *obliqui externi.*

—— —— *interni.*

— *recti.*

— *tranſverſales.*

— *pyramidales.*

3. 9. *Oſſa abdominis.*

5. *vertebræ lumborum.*

4. *oſſa pelvis.*

4. *Peritonæum.*

PARTES INTERNÆ, ſeu *contentæ* ſunt,

In *cavitate* Peritonæi.

1. *Omentum.*

2. *Ventriculus.*

3. *Inteſtina tenuia,* & *craſſa.*

4. *Hepar,* cum *veſicula fellis.*

5. *Meſenterium.*

6. *Lien.*

7. *Pancreas.*

8. *Vaſa lactea,* quæ intra duplicaturam meſenterii locantur.

In *cavitate lumborum* extra peritonæum continentur,

    1. *Renes.*

      2. *Glandulæ suprarenales.*

      3. *Ureteres.*

      4. *Receptaculum Chyli.*

      5. *Aorta descendens.*

      6. *Vena cava ascendens.*

In *cavitate pelvis* sub peritonæo sunt.

    In *viris: vesica urinaria.*

      Intestinum rectum.

      Vesiculæ seminales.

    In *fœminis* præter vesicam, & intestinum rectum

      Uterus.

      4. *Ligamenta uteri.*

      2. *Tubæ fallopianæ.*

      2. *Ovaria.*

      & *Vagina.*

PERITONÆUM.

Est *membrana*, quæ internam superficiem abdominis investit, & magni sacci figuram refert.

DIVISIO in *superficiem internam*, quæ polita, & semper humida.

    in *superficiem externam*, quæ admodum cellulosa est.

SUBSTANTIA. Simplex est membrana, robusta, cui exterius *textum cellulosum* adhæret.

CONNEXIO Peritonæi eſt ope telæ cellulóſæ
  cum *diaphragmate.*
      muſculis abdominalibus.
      vertebris lumborum.
      oſſibus pelvis.
      veſica urinaria.
      utero, &
      inteſtino recto.

PROCESSUS, quos peritonæum format, in *membra-*
  noſos, & *cellulóſos* dividuntur.
  Proceſſus *membranoſi* ſunt.
      1. *Meſenterium.*
      2. *Ligamenta uteri lata.*
      3. *Ligamenta hepatis, lienis, inteſtini*
        colon.
      4. *Membrana* extima, ſeu *communis*
        viſcerum abdominalium.
  Proceſſus *celluloſi* ſunt,
      1. *Membrana vaginalis* funiculi ſpermatici, &
        teſticulorum.
      2. *Proceſſus celluloſus* ligamentorum rotundo-
        rum uteri.
      3. *Proceſſus celluloſus* vaſorum obturatoriorum.
      4. *Proceſſus celluloſus* vaſorum cruralium.
      5. *Membrana adipoſa* renum.
VASA peritonei ſunt a partibus vicinis.
Usus eſt, ut viſcera abdominalia in ſuo ſitu con-
  tineat, & firmet: ut eorum ligamenta, &
  membranam extimam conſtituat.

OMENTUM.

OMENTUM.

MEMBRANA est adiposa, quæ anteriori intestinorum superficiei incumbit.

DIVISIO est in omentum *magnum,* & *parvum,* in *omentum colicum,* & in *appendices omentales.*

Omentum magnum ab arcu magno ventriculi ad regionem hypogastricam usque super intestina propendet.

Omentutum parvum a minori ventriculi arcu ad hepar extenditur.

Omentum colicum a dextra intestini colon portione ad spitamam transversim porgit.

Appendices omentales admodum parva omenta sunt, inter flexuras intestinorum locata.

FORAMEN WINSLOWIANUM sub lobulo hepatis Spigeliano in omento parvo est, per quod omentum inflari potest.

SUBSTANTIA omenti duplicatura membranæ tenuis est, quam tela cellulosa intercedit.

ARTERIÆ sunt rami arteriæ cæliacæ.

VENÆ se evacuant in venam portæ.

USUS omenti est, ut intestina *lubricet.*

> *calefaciat.*
>
> a concretione *præservet.*
>
> pro *bile oleum* in venam *portæ mittat.*

O

VENTRICULUS.

Eſt *receptaculum* membranaceum, quod ingeſta ab œſophago excipit.

Sɪᴛᴜs eſt in regione epigaſtrica, & quidquam in hypochondrio ſiniſtro.

Dɪᴠɪsɪᴏ. *Vacuus* ventriculus deorſum pendet, & dividitur.

> in *Superficiem anteriorem, & poſteriorem.*
> — *Curvaturam majorem*, ſeu *inferiorem.*
> — *Curvaturam minorem*, ſeu *ſuperiorem.*
> — *Cardiam*, ſeu introitum ex œſophago.
> — *Pylorum*, ſeu exitum ventriculi in duodenum.
> *Fundum*, qui dilatatio ventriculi verſus lienem eſt.
> Ventriculus autem *repletus*, adeo aſſurgit, ut ejus curvatura inferior fiat anterior, & ſuperficies anterior, ſuperior, &c.

Cᴏɴɴᴇxɪᴏ. Cum œſophago, duodeno, omento majori, & minori, atque pancreate connexus eſt.

Sᴜʙsᴛᴀɴᴛɪᴀ. Conſtat *quatuor* membranis, tenui tela celluloſa nexis.

> Extima eſt *communis* a peritonæo.
> Secunda eſt *muſcularis*, fibris longitudinalibus, tranſverſalibus, obliquis contexta.
> Tertia eſt *nervea* vaſis, & nervis conſtans.
> Intima *villoſa* eſt, holoſerici adinſtar tenuibus villis hirta.

RUGÆ. Nervea, membrana cum villofa *rugas* multas in inferiori, & interna ventriculi fuperficie format.

VALVULA PYLORI annularis eft, & folummodo ruga notabilior, feu major effe videtur.

ARTERIÆ ventriculi funt rami arteriæ cœliacæ.

VENÆ CASTRICÆ fe evacuant in venam portæ.

NERVI VENTRICULI funt rami paris vagi.

GLANDULÆ muciparæ fub interna ventriculi tunica locantur.

USUS eft, ut ingefta ab œfophago *excipiat*. Aliquantum *retineat*, ea *mifceat* cum fucco gaftrico, ea *digerat*, & dèmum *expellat* in duodenum.

INTESTINA.

Sic vocatur *tubus* membranaceus, homine fexies longior, in cavo abdominis varie a pyloro ad anum flexus.

DIVISIO inteftinorum eft in in *tenuia*, & *craffa*.

    Tenuia funt 3.

        duodenum.

        jejunum.

        ileum.

    Craffa funt etiam 3.

        cæcum.

        colon.

        rectum.

DUODENUM 12. digitos tranfverfos circiter longum eft, 3. facit flexuras, retro ventriculum in *regione epigastrica* locatur, & intra primam, & secundam flexuram a communi ductu canalis pancreatici, & choledochi perforatur.

JEJUNUM eft 15. palmas longum, ut plurimum invenitur ob multa vafa lactea vacuum, atque a multis vafis rubicundum. Locatur in *regione umbilicali.*

ILEUM. Eft etiam circiter 15. palmas longum, colore magis pallidum, locatur in *regione iliaca finiftra*, atque *regione hypogaftrica*, & finitur ad *valvulam Tulpii*, quæ regreffum fœcum in inteftina tenuia impedit.

CÆCUM eft faccus 4. digitos tranfverfos longum, locatur in *regione iliaca dextra*, & ei extus adhæret *proceffus vermiformis.*

COLON. Incipit ab inteftino cœco in regione iliaca dextra, affurgit recta ad hepar, ibi tranfverfim fub ventriculo flectitur ad lineam, ab eo defcendit in regionem iliacam finiftram, demum ad pelvim *flexu figmoideo* finitur in inteftinum rectum.

Hinc colon in partem *afcendentem*, in *tranfverfam*, & *defcendentem* dividi folet.

RECTUM, eft palmam, & mediam longum, ab ultima vertebra ad facrum, & coccygis os defcendit, & finitur in anum.

SUBSTANTIA inteftinorum ex *quatuor* membranis conftat.

Extima *cummunis*, feu membranacea a peritonæo eft.

Secunda *mufcularis* eft, fibris longitudinalibus, & tranfverfalibus conftans.

Tertia eft *nervea* vafis, & nervis contexta.

Intima *villofa* vocatur, ut holofericum villis hirta eft.

RUGÆ. Villofa cum nervea amplior eft mufculari & *rugas inteftinales* format.

CONNEXIO. *Inteftina* generatim ope mefenterii in fitu verfantur: *Duodenum* peculiarem fubftantiam cellulofam : *Colon* duo ligamenta membranacea, quibus renibus adnectitur, habet, *inteftinum rectum* ope telæ cellulofæ offi coccygis, & veficæ, vel in mulieribus vaginæ accrefcit: *Jejunum*, & *Ileum* liberrime fluctuant.

Externa inteftinorum crafforum fuperficies tres *fafcias mufculares* per totam longitudinem decurrentes, quo inteftina in varios faccos contrahuntur, habet.

MUSCULI, qui anum claudunt, & aperiunt in *Myologia* recenfentur.

ARTERIÆ inteftinorum funt rami *meferaicæ fuperioris*, & *infirioris. Duodenalis* eft hepaticæ, & *hæmorrhoidalis interna* inteftini recti eft meferaicæ inferioris foboles.

VENÆ *inteftinales* in *meferaicas* abeunt, quæ fe in *venam portæ* evacuant.

NERVI inteſtinales ſunt propagines nervorum *octavi,* & *intercoſtalis paris.*

VASA LACTEA, quæ ab inteſtinis tenuibus , præſertim jejuno, & ileo oriuntur , ad glandulas meſeraicas abeunt.

GLANDULÆ MUCIPARÆ, quas *Brunerianas,* & *Payerianas* vocant , ſub tunica nervea locantur.

USUS inteſtinorum eſt Chymum e ventriculo *recipere.* Per aliquod tempus *retinere.* Succo enterico , & bile *miſcere.* Chylum in vaſa lactea *propellere.* Fœces muco *illinire,* & per inteſtinum rectum *eliminare.*

MESENTERIUM.

Eſt *duplicatura membranacea* admodum plicata, quæ inteſtina ambit.

Oritur a peritonæo circa corpora trium ſuperiorum vertebrarum lumbarium , utrimque explicatur infra, & ſupra inteſtina, & illa in ſua duplicatura comprehendit.

Duodenum , & *inteſtinum rectum* autem non comprehendit.

DIVISIO meſenterii eſt in *tenue,* & *craſſum,* ſeu *meſenterium,* & *meſocolon*: prius tenuia, alterum craſſa continet inteſtina.

CONNEXIO eſt cum tribus ſuperioribus corporibus vertebrarum lumbarium.

SUBSTANTIA. Eſt continuatio peritonæi, quæ duplicaturam format, intra quam inteſtina, vaſa

sanguinea, lactea, nervi, glandulæ, & tela
cellulofa continentur.

ARTERIÆ meferaicæ *inferior*, & *fuperior* rami
funt *aortæ defcendentis.*

VENÆ MESERAICÆ in *venam portæ* abeunt.

NERVI MESERAICI multos formant plexus, &
funt rami *octavi*, ac *intercoftalis paris.*

GLANDULÆ MESERAICÆ intra duplicaturam
fparfæ jacent.

VASA LACTEA ab inteftininis ad glandulas meferaicas, & ab his ad receptaculum chyli abeunt.

TELA CELLULOSA intra duplicaturam vafa, &
glandulas maxime comitatur.

USUS mefenterii eft, ut inteftina, vafa glandulas,
& nervos in ordine, ac fitu firmet.

HEPAR.

Eft vifcus abdominale maximum, quod bilis fecre-
tioni infervit, atque in hypchondrio dextro,
& aliquantum in regione epigaftrica locatur.

DIVISIO in tres lobos in *magnum*, *parvum*, &
Spigelianum,

in *fuperficiem fuperiorem*, quæ convexa.

—— *fuperficiem inferiorem*, quæ concava eft.

—— *marginem anteriorem*, & *pofteriorem.*

CONNEXIO hepatis.

1. cum diaphragmate ope *ligamenti coronarii*,

—————— *fufpenforii.*

—————— *lateralis.*

dextri, ac *finiftri.*

2. cum umbilico ope *ligamenti rotundi*, feu *umbilicalis*.

TUBERCULA ad ingreffum venæ portæ habet duo.

FISSURA in concava hepatis fuperficie.

SINUS pro fitu veficulæ felleæ.

MEMBRANA COMMUNIS, feu extima hepatis, quæ totam fubftantiam inveftit, a peritonæo eft.

SUBSTANTIA, vafculofa, & friabilis eft.

ARTERIA HEPATICA, ramus arteriæ *cœliacæ* eft.

VENA PORTÆ, quæ *truncus* venæ *meferaicæ*, *fplenicæ*, ac *hæmorrhoidalis internæ* eft.

VENÆ HEPATICÆ, quæ quatuor ramis in venam cavam fe evacuant.

NERVI HEPATIS funt rami *octavi*, ac *intercoftalis paris*.

ACINI *hepatici* funt glandulæ in fubftantia hepatis difperfæ, quæ bilem fecernunt.

DUCTUS HEPATICUS oritur tenuiffimis ramulis ab acinis biliofis hepatis, dein magnum ductum conftituit, qui verfus inteftinum duodenum abit, & fe cum ductu cyftico in communem canalem unit.

USUS hepatis eft, ut bilem *fecernat*.

VESICULA FELLEA.

VESICULA oblonga, membranacea, fub hepate in hypochondrio dextro fita.

DIVISIO in *fundum*, qui fub margine coftali hypochondrii dextri eft.

Corpus, feu pars media.

Collum, quod intus rugofum eft, & continuatur in

Ductum cyfticum , qui paulo poft cum *ductu hepatico* fe unit, & dein vocatur.

Ductus choledochus, cui demum inferitur *ductus pancreaticus*, qui duo ductus dein, vel communi , vel duplici orificio in inteftinum duodenum, intra primam , & fecundam ejus flexuram, fe evacuant.

SUBSTANTIA conftat ex *tribus* membranis.

Extima *communis* a peritonæo eft.

Media *fibrofa* eft, & creditur mufculofa.

Intima *villofa* eft, & fimul vafis reticulata.

ARTERIÆ CYSTICÆ funt rami *arteriæ hepaticæ.*

VENÆ CYSTICÆ in *venam portæ* fe evacuant.

NERVI a pari *octavo*, & *intercoftali* funt.

GLANDULÆ *mucipare* fub intima tunica veficulæ locatæ creduntur.

USUS veficulæ eft, ut bilem ex ductu hepatico regurgitantem retineat , ut fic mora fpiffior , amara, & acrior fiat.

L I E N.

Eft *vifcus*, quod in hypochondrio finiftro juxta ventriculi fundum, coftis tectum locatur.

FIGURA ovalis, octo digitos tranfverfos longa, quatuor lata eft.

DIVISIO in *fuperficiem externam*, quæ convexa, & *internam*, quæ concava eft.

in *extremitatem fuperiorem*, & *inferiorem.*

CONNEXIO cum diaphragmate ope *ligamenti su-spensorii*. Cum omento, pancreate, rene fi-nistro, & flexura sinistri intestini colon ope *membranarum*.

EXCISURA in superficie concava, seu interna pro introitu vasorum lienalium.

SUBSTANTIA mere vasculosa, & friabilis est.

MEMBRANA extima *communis* est peritonæi pro-pago.

ARTERIA SPLENICA, seu lienalis ramus *arteriæ cœliacæ* est.

VENA LIENALIS, se evacuat in *venam portæ*.

NERVI LIENIS a *pari vago*, & *intercostali ma-gno* sunt.

USUS, inservit *attenuationi* sanguinis.

PANCREAS.

Corpus *glandulosum* est, quod in regione epigastrica sub ventriculo locatur.

FIGURA similis est linguæ caninæ, lata pars versus duodenum, pars acuminata versus lienem lo-catur.

DIVISIO in *superficiem superiorem*, & *inferiorem.* in *extremitatem dextram*, quæ lata, & *sinistram*, quæ acuminata est. Demum in *marginem anteriorem*, & *posteriorem.*

PROCESSUS pancreatis, qui *pancreas parvum* vo-catur, duodeno accretus est.

SUBSTANTIA est ex innumeris glandulis facta.

MEMBRANA EXTIMA a mesocolon est.

ARTERIÆ PANCREATICÆ funt a partibus vicinis, maxima eft ramus *arteriæ lienalis.*

VENÆ PANCREATICÆ in *fplenicam* fe evacuant.

DUCTUS PANCREATICUS minimis ramulis a glandulis oritur, dein magnum canalem conftituit, qui totam medietatem pancreatis decurrit, & demum inteftinum duodenum, ductui
choledocho juntus, perforat in loco inter
primam, & fecundam flexuram.

CONNEXIO pancreatis eft cum ventriculo, & liene
ope *membranarum.* Cum duodeno mediante
pancreate parvo, & *ductu pancreatico.*

USUS eft, ut humorem falivæ fimilem *fecernat,* &
in duodenum deferat.

VIÆ LACTEÆ.

VIÆ, quæ chylum ab inteftinis in fanguinem vehunt, funt,

Vafa lactea.

Receptaculum chyli.

Ductus thoracicus.

VASA LACTEA funt parvæ venæ, quæ chylum vehunt. Oriuntur ex inteftinis tenuibus præfertim ex jejuno, & ileo, pauciffimæ ex inteftinis craffis.

Dividuntur in vafa lactea *primi.*

fecundi,

tertii ordinis.

Vafa lactea *primi ordinis* ab inteftinis orta, rete va-
fculofum ab extima tunica inteftinorum conftituunt.

Vaſa laɑea *ſecundi ordinis* a rete vaſculoſo orta, intra duplicaturam menſenterii ad glandulas meſeraicas abeunt.

Vaſa laɑea *tertii ordinis* a glandulis meſeraicis orta, inter duplicaturam meſenterii in receptaculum chyli ſe evacuant.

RECEPTACULUM CHYLI eſt *ſaccus* anguſtus, duos pollices longus, dextro cruri diaphragmatis ad duo ſuperiora corpora vertebrarum lumbarium incumbit.

DUCTUS THORACICUS. Eſt canalis membranaceus, qui a ſuperiori extremitate receptaculi chyli ortus, per poſticum hiatum diaphragmatis intra aortam, & venam azygos in poſticum ſpatium mediaſtini thoracis aſcendit, & juxta corpora vertebrarum dorſi varie flexus, ad venam ſubclaviam ſiniſtram uſque pervenit, in quam cum valvulo o orificio ſe exonerat. Duɑus thoracicus in hoc itinere etiam in ſe recipit *vaſa lymphatica* fere totius corporis, ut Colli.

Thoracis.

Abdominis.

Extremitatum ſuperiorum, & inferiorum.

In vaſis laɑeis, & in duɑu thoracico *valvulæ* inveniuntur. Et *Subſtantia* horum vaſorum membranacea eſt.

USUS. Hæ viæ laɑeæ chylum ex inteſtinis in ſanguinem devehunt. Si chylus in primis viis non adeſt, ſucci lymphatici per vias laɑeas fluunt.

RENES.

Sunt duo *viscera*, quæ urinam secernunt.

SITUS est extra peritonæi saccum in lumbis circa corpora superiorum vertebrarum lumbarium.

Ren *dexter* siniftro profundius locatur.

FIGURA est phaseolo similis, 6. digitos transverfos longa, 4 lata.

DIVISIO est in *superficiem anteriorem, & pofteriorem.*

in *extremitatem superiorem, & inferiorem.*

in *marginem externum*, qui convexus, in *internum*, qui concavus est.

EXCISURA adest in margine interno pro tranfitu vaforum renalium.

CONNEXIO renis cum glandulis renalibus, hepate, liene, flexuris inteftini colon mediante *membrana* cellulofa, ope *uretherum* autem cum vefica urinaria est.

SUBSTANTIA renum triplex est.

Corticalis, feu *vafculofa*, quæ extima est.

Tubulofa, quæ tubulis conftat.

Papillofa, quæ intima est.

INTEGUMENTA renis funt.

I. *Membrana adipofa*, quæ craffa est, & laxe renem involvit.

II. *Membrana propria*, quæ ipfam renis fubftantiam inveftit.

ARTERIÆ RENALES dextra, & finiſtra ſunt rami *aortæ deſcendentis.*

VENÆ RENALES ſe evacuant in *venam cavam inferiorem.*

NERVI renum ſunt rami *octavi*, & intercoſtalis *paris.*

PELVIS RENALIS eſt *cavum membranaceum* excifuræ marginis interni adhærens, in quod ex papillis renalibus urina guttatim exſtillat.

URETHERES ſunt canales *membranacei*, calamo ſcriptorio ſimiles, quorum in utroque rene unus a pelvi renali incipit, dein in lumbis ſuper muſculo pſoas in formam litteræ S flexus, in pelvim oſſeam deſcendens, veſicæ urinariæ in parte laterali, poſtica, & inferiori inſeritur.

GLANDULÆ SUPRARENALES ſunt duæ magnæ glandulæ intus cavæ, & fucco fuſco plenæ, quæ ſupra renes adhuc intra membranam adipoſam renum locantur. Ductum excretorium proprium non habent, & uſus harum glandularum adhuc ignoratur.

USUS renum. Renes urinam *ſecernunt*, & uretheres illam a renibus in veſicam urinariam *deferunt.*

VESICA URINARIA.

Eſt *ſaccus membranaceus* ſub peritonæi ſacco in cavitate pelvis locatus.

SITUS eft in *viris* intra offa pubis , & inteftinum
rectum.

in *mulieribus* intra offa pubis, & uterum.

FIGURA eft magnæ lagenæ pyriformi fimilis. Hinc

DIVISIO in *fundum fuperiorem.*

in *corpus*, quod eft pars media.

in *collum* , quod ex fundo inferiori emergit, & fphinctere mufculofo circumdatur. Vide *Myologiam.*

CONNEXIO veficæ. *Fundus fuperior* cum peritonæo,
& ope ligamenti cum umbilico cohæret.

Superficies pofterior , ope telæ cellulofæ cum
inteftino recto , vel utero.

Superficies anterior , ope telæ cellulofæ cum
offibus pubis.

Collum , ope ligamenti cum angulo offium pubis,
& ope urethræ cum membro virili cohæret.

Demum ope *uretherum* connectitur vefica
etiam cum renibus.

SUBSTANTIA conftat ex 4. membranis.

Extima *communis* a peritonæo eft.

Secunda eft *mufcularis*, fibris longitudinalibus
conftans.

Tertia *nervea* vocatur , ex vafculis , & nervis
confecta.

Intima eft *villofa*, & femper muco obducta.

ARTERIÆ VESICALES funt rami arteriæ *hypogá-
ftricæ* , & *hæmorrhoidalis.*

VENÆ veficæ fe evacuant in *hypogaftricam.*

NERVI veſicæ ſunt rami a nervo *intercoſtali*, & nervis *ſacris*.

GLANDULÆ *muciparæ* ſub interna veſicæ tunica locantur.

USUS veſicæ eſt, ut urinam *recipiat*, *retineat*, *expellat*.

PARTES GENITALES VIRORUM.

Partes virorum genitales conſtituunt,

> *Penis.*
>
> *Teſticuli.*
>
> *Veſiculæ ſeminales.*

PENIS.

Qui etiam *membrum virile* vocatur, eſt pars illa cylindrica, quæ ſub monte veneris ante ſcrotum dependet.

LONGITUDO eſt, ut plurimum 6. pollicum.

DIVISIO eſt in *radicem*.

> *corpus*, &
>
> *caput*, quod *glans* vocatur.

GLANS habet latam baſim, quæ *corona* dicitur, & *apicem*, qui fiſſura longitudinali, quam *orificium urethræ* dicunt, perforatur.

MONS VENERIS eſt monticulus pinguedinoſus, cute admodum piloſa tectus, qui ad radicem penis ſynchondroſim oſſium pubis tegit.

SUBSTANTIAM membri virilis conſtituunt,

> *Integumenta communia.*
>
> duo *corpora cavernoſa penis.*
>
> *corpus cavernoſum urethræ*, & demum,
>
> *Urethra ipſa.*

INEGUMENTA

INTEGUMENTA COMMUNIA peni ufque ad co-
ronam glandis firmiter accreta funt. Dein
autem non accreta, fed folummodo incum-
bentia fuper glande incedunt.

Hæc prolongatio cutanea *præputium* vocatur,
quod in parte inferiori ope plicæ membranaceæ adhæret. Hanc plicam *frænulum præ-
putii* dicunt.

Duo *corpora cavernofa* penis fubftantia fpongiofa
conftant, ab arcubus offis ifchii utrimque incipiunt, dein in membro virili fupra urethram
fibi invicem ope *fepti membranacei* incumbunt, & obtufis apicibus fub corona glandis
finiuntur.

SUBSTANTIA *cavernofa urethræ* ante collum ve-
ficæ-craffo principio, quod *bulbus urethræ*
vocatur; ab ambitu urethræ incipit, dein te-
nuior facta ambit totam urethræ longitudinem
ad apices duorum corporum cavernoforum
penis ufque, fupra hos demum *glandem* format, in qua finitur.

URETHRA canalis membranaceus eft, oritur a collo
veficæ urinariæ, defcendit infra corpora cavernofa penis, & fub illis, fua peculiari fubftantia cavernofa involutus, in apicem glandis pergit, atque fiffura longitudinali finitur.

VERUMONTANUM. Prominentia duriufcula, fed
cutanea eft, quæ in cavo urethræ, ante glandulam proftratæ locatur.

P

CONNEXIO penis eft cum vefica ope urethræ. Cùm
　　offibus pubis, & ifchii ope *corporum caver-*
　　noforum, & *mufculorum.* Cùm angulo ar-
　　cuum pubis mediante peculiari *ligamento fuf-*
　　penforio.

GLANDULÆ penis funt,

　　1. *Glandulæ muciparæ urethræ*, quæ fub tu-
　　　　nica interna locantur.

　　2. *Glandulæ odoriferæ*, quæ circa, & in co-
　　　　rona glandis hærent.

　　3. *Glandula Litrii*, quæ folitaria ad initium
　　　　urethræ eft.

　　4. *Glandulæ Cowperianæ*, tres funt numero,
　　　　quarum duæ intra bulbum urethræ, & mu-
　　　　fculos acceleratores locantur. Tertia dorfo
　　　　urethræ fub angulo pubis incumbit.

　　5. *Glandula proftrata*, quæ folitaria, & cordi-
　　　　formis eft, circumdat inferius collum veficæ,
　　　　mucum fecernit album, qui pluribus ductibus
　　　　excretoriis in urethræ cavo circa verumonta-
　　　　num apertis, tempore coitus effunditur.

ARTERIÆ penis, pudendæ externæ, & internæ rami
　　funt *arteriæ hypogaftricæ*, & *ifchiadicæ.*

VENA penis *dorfalis* fe evacuat in *venam hypoga-*
　　ftricam.

VASA LYMPHATICA fub integumentis communi-
　　bus locantur, & ad glandulas inguinales
　　abeunt.

NERVI penis funt rami *nervorum facrorum*, &
　　　　　　　　　　nervi ifchiadici.

Musculos penis, & urethræ *Myologia* recenfet.

Usus penis eft ad *erectionem. Coitum. Senfationem voluptatis. Effufionem feminis. Effufionem urinæ.*

TESTICULI.

Sunt duo corpora ovalia, quæ in cavo fcroti continentur. —

Divisio in *marginem fuperiorem,* & *inferiorem.*
in *exteriorem anteriorem,* & *pofteriorem.*
in *fuperficiem internam,* & *externam.*

Epididymis, feu *tefticulus accefforius* eft Apendix tefticulo incumbens, in quo *caput,* feu extremitas anterior, & *cauda,* feu extremitas pofterior notari debet.

Integumenta tefticuli funt,

I. *Scrotum,* quod cavum membranaceum *fepto* intermedio membranaceo in duas cavitates divifum eft, conftat *cuticula, cute,* & *membrana fibrofa,* quæ *darton* vocatur. Externa fuperficies fcroti pilis, & glandulis febaceis plena eft, atque per totam medietatem lineam fufcam, quæ *raphe fcroti* vocatur, habet.

II. *Tunica vaginalis,* quæ membrana cellulofa eft, tres faccos format, qui *vaginæ* vocantur. *Vagina* prima *communis* eft, ab annulo inguinali incipit, atque funiculum fpermaticum, & tefticulum infimul inveftit.

P 2

Vagina funiculi spermatici solum funiculum spermaticum, &

Vagina testiculi solum testiculum laxe amplectitur, & vaporem aquosum in suo cavo continent. Hæcce prioris continuatio videtur.

III. *Tunica albuginea* testiculi, quæ robusta est, albi coloris, & cum ipsa testiculi substantia concrescit.

SUBSTANTIA testiculi. Ex tenuissimis albicantibus canalibus, qui in viginti circiter *glomeres* tela cellulosa connexos, convoluti sunt, constat testiculus.

Omnes demum canaliculi testis, & epididymis in unum magnum confluunt canalem, qui *vas deferens* vocatur.

VAS DEFERENS oritur ex cauda epididymidis, per funiculum spermaticum, ascendit in annulum inguinalem, ibi in pelvis cavo transversim ad collum vesicæ flexus, in vesiculas seminales terminatur.

ARTERIÆ SPERMATICÆ rami sunt *arteriæ aortæ*.

VENÆ SPERMATICÆ in funiculo rete venosum formant, quod *corpus pampiniforme* vocant, & dein vena spermatica *dextra* in *venam cavam*, & *sinistra* in *venam renalem sinistram* se evacuat.

NERVI testiculorum rami sunt, a nervis *lumbaribus*, & nervis *intercostalibus magnis* nati.

VASA LYMPHATICA e testiculo per funiculum ascendunt.

FUNICULUS SPERMATICUS ergo conſtat ex *vaſe deferente, arteria, & venâ ſpermatica, nervis ſpermaticis, vaſis lymphaticis, & tunica vaginali,* quam *muſculus cremaſter* ambit.

MUSCULUS CREMASTER a ligamento Pupartii ortus, & in tunicam vaginalem ſuis fibris diſperſus, in *Myologia* conſideratur.

USUS teſticulorum eſt ſeminis *ſecretio,* & *præparatio.* —

VESICULÆ SEMINALES.

Sunt duo receptacula membranacea, quæ ſemen a vaſis deferentibus recipiunt, & continent.

SITUS eorum obliquus intra inteſtinum rectum, & ſupra collum veſicæ.

FIGURA eſt parvis inteſtinulis, in cellulas mire contortis, ſimilis.

SUBSTANTIA eſt membranacea, albicans, & ſubſtantia fibroſa tecta.

DUCTUS EJACULATORIUS ex qualibet veſicula in urethræ cavum abit, & ibi in ſummitatem verumontani peculiari orificio hiat.

VASA, & NERVI veſicularum ſeminalium a partibus vicinis ſunt.

VASA LYMPHATICA a veſiculis ſeminalibus orta, ad glandulas lymphaticas circa lumbos ſitas, abeunt.

USUS eſt, ut ſemen *contineant.*

> *retineant.*
> *inſpiſſent.*
> *emendent.*
> *excernant* in urethram.

P A R T E S · G E N I T A L E S.
M U L I E R U M.

Partes, quæ in mulieribus generationi inserviunt, dividuntur in *externas*, & *internas*.

EXTERNÆ funt *Mons veneris.*
     labia majora.
     labia minora.
     Clitoris.
     hymen.

INTERNÆ funt *vagina.*
     uterus.
     tubæ fallopianæ.
     ovaria.
     ligamenta uteri lata.
   ——— ——— *rotunda.*
     Urethra.

MONS VENERIS eſt monticulus pinquedinoſus,
  cute piloſa tectus , qui ſynchondroſi oſſium
  pubis incumbit.

LABIA MAJORA ſunt duo monticuli pinguedinoſi,
  oblongi, qui ſub monte veneris incipiunt,
  labia minora tegunt, & juxta latera orificii
  vaginæ ad perinæum abeunt, & ibi ope plicæ
  cutaneæ tranſverſalis, quam *frænulum labio-*
  rum vocant, ſibi invicem uniuntur. Duplicem habent ſuperficiem *interna* rubicunda,
  externa cuti concolor eſt.

LABIA MINORA etiam *nymphæ* vocantur. Sunt duæ plicæ cutaneæ, criſtis gallinaceis ſimiles, quæ ſub clitoride incipiunt, & ad latera orificii vaginæ locantur.

Conſtant *extus* cute admodum vaſculoſa, & nervea, *intus* ſubſtantiam cavernoſam habent.

CLITORIS eſt particula glandiformis, quæ ſub anteriori labiorum majorum commiſſura hæret, & peculiari *præputio*, quod nymphis continua cutis eſt, tegitur.

Conſtat cute admodum ſenſili, & vaſculoſa, intus *duo corpora cavernoſa* habet, quæ a tuberoſitatibus iſchii incipiunt, in arcubus oſſium pubis aſcendunt, & ſub ſymphyſi pubis ſibi invicem juncta, in corpus clitoridis abeunt.

Muſculi erectores clitoridis in *Myologia* conſiderantur.

HYMEN, eſt membrana, ut plurimum ſemilunaris, quæ poſterius orificio vaginæ in virginibus integerrimis adhæret.

VAGINA UTERINA, eſt tubus membranaceus 6. vel 7. pollices longus, qui intra labia minora incipit, ubi *orificium vaginæ* locatur, dein in cavo pelvis intra oſſa pubis, & inteſtinum rectum aſcendit ad collum uteri, quod amplectitur, & cui ope telæ celluloſæ fortiter accreſcit.

Conſtat vagina *tribus membranis.*

Extima *cellularis* a peritonæi tela celluloſa eſt.

Media *muſcularis*, quæ fibris carneis conſtat,
& *rete vaſculoſo* coronatur.

Intima *rugoſa* vocatur, epidermide teƈta eſt.
Rugæ hæ tranſverſales ſunt, in ſuperiori
vaginæ ambitu minus, quam in inferiori
conſpicuæ.

Orificium vaginæ a peculiari *muſculo ſphinƈtere*
anguſtior, de quo vide *Myologiam.* Et in
interna orificii vaginalis ſuperficie duæ prominentiæ pyramidales molles ſunt, quæ *Carunculæ myrtiformes* dicuntur.

URETHRA canalis eſt membranaceus, amplior,
quam urethra virilis, & reƈta deſcendens a
collo veſicæ urinariæ intra oſſa pubis, & vaginam, atque *orificio*, quaſi triangulari pro-
minente terminatur, ſub clitoride intra prin-
cipia nympharum.

UTERUS eſt *receptaculum* illud ſpongioſum, quod
in cavo pelvis ſuper vagina intra veſicam urinariam, & inteſtinum reƈtum locatur.

FIGURA ejus pyro compreſſo ſimilis eſt, hinc ejus

DIVISIO in *fundum*, qui pars ſuprema latiſſima eſt.

corpus, quod pars media.

collum, quod pars infima in acumen
anguſtata, & in

orificium uterinum, quod rima transverſalis in collo uteri eſt, quæ ab

anteriori , & *pofteriori labio* conftituitur, atque in vaginæ cavum prominet.

CAVITAS uteri, in virgine parva eft, vix amygda-
lam excorticatam capit, tribus inftructa eft
aperturis. Una inferior *orificii uterini rima*
eft. Duæ funt ad latera fub fundi uteri, fetam
porcinam vix admittentes, *orificia interna*
tubarum Fallopianarum vocantur.

SUBSTANTIA uteri fpongiofa, carneis fibris inter-
texta, & duriufcula eft.

Extima uteri fuperficies membrana *communi* a
peritonæo involvitur.

Interna fuperficies *membrana nervea,* quam epy-
dermis obducit, inveftitur.

LIGAMENTA UTERI LATA a duplicatura periton-
næi, quæ utero externam membranam dat,
originem habent. A lateribus uteri ad offa ilia
protenduntur. Suftinent. uterum, tubas, &
ovaria.

LIGAMENTA UTERI ROTUNDA oriuntur a lateribus uteri, fub fundo tendunt in annulos inguinales, & ibi in pinguedinem definunt.

TUBÆ FALLOPIANÆ funt duo canales membranacei, qui a fundo uteri lateraliter oriuntur,
atque in fuperiori margine, intra duplicaturam ligamenti lati verfus ovaria abeunt. *Fi-*
gura eft tubæ fimilis, orificium, quo in uteri
cavum aperiuntur anguftiffimum , . & orifi-

cium externæ extremitatis latum , & fimbria-
tum eft. Hæ *fimbriæ* ovaria fere ampleaůuntur.

OVARIA funt duo corpora, pollicem circiter longa,
quæ in cavo pelvis ad latera uteri locantur.

Subfiantia eorum externa ex membrana *fibrofa*
eft, interna autem *veficularis* faltem in vi-
raginibus, hæ veficulæ *ovula muliebria* vocantur , & in vetulis evanefcunt relidis
multis cicatricibus.

ARTERIÆ partium genitalium funt,

Spermaticæ, quæ *aortæ* rami funt , & in ovaria, atque tubas abeunt.

Uterinæ, quæ propagines funt *hypogafiricæ* ,
& *hæmorrhoidales*.

VENÆ UTERINÆ non valvulofæ funt , & fe evacuant in *venas fpermaticas.*
hypogafiricas, &
hæmorrhoidales externas.

VASA LYMPHATICA in venas, & glandulas iliacas abeunt.

NERVI genitalium funt rami nervorum,

Sacrorum. Ifchiadicorum. Mefocolicorum.

GLANDULÆ genitalium funt.

1. *Glandulæ mucofæ vaginales*, quæ fub rugofa
vaginæ tunica copiofe locantur.

2. *Glandulæ odoriferæ* labiorum , & clitoridis:

3. *Glandulæ muciparæ urethræ*, quæ fub nervea ejus membrana inveniuntur.

4. *Glandulæ Bartholinianæ*, quæ ad latera orificii vaginæ hærent.

USUS genitalium eft ad *erectiohem.*

fenfum voluptatis.

coitum.

conceptionem.

fœtus nutritionem.

partum.

menftruationem.

PARTES UTERI GRAVIDI.

PARTES, quæ in utero gravido continentur, funt.

1. *Placenta uterina.*

2. *Funiculus umbilicalis.*

3. *Ovum fœtus.*

4. *Liquor amnii.*

5. *Fœtus.*

PLACENTA UTERINA.

Eft maffa fpongiofa placentæ fimilis, quæ ut plurimum fundo uteri gravidi adhæret.

DIVISIO in *fuperficiem fuperiorem*, quæ inæqualis.

in ———— *inferiorem.*, quæ polita eft.

in *marginem*, & *medietatem*, cui funiculus umbilicalis in inferiori fuperficie
infetitur.

SUBSTANTIA eft cellulofa, fpongiæ fimilis, vafculis pleniffima. Nervos non habet.

ADHÆSIO. Ope telæ cellulosæ, & vasculorum ex utero in placentam euntium , & redeuntium utero adhæret, inferius est membrana chorion, & amnion investita.

USUS. Sanguinem ab utero recipit, pro fœtu præparat, & ramis venæ umbilicalis tradit.

FUNICULUS UMBILICALIS.

Est funiculus intestiniformis, qui ab umbilico fœtus ad medietatem placentæ pergit.

LONGITUDO est frequenter 3. spitamarum.

SUBSTANTIA. Constat ex 4. partibus.

1. Ex *vagina cutanea*, quæ membranæ chorion continuatio est. Ubi hæc ab inferiore placentæ superficie in funiculum umbilicalem abit, simul eam ad pollicis latitudinem membrana amnion committatur, & ubi in fœtus umbilicum definit ad eandem latitudinem a cute fœtus *plica* circumdatur.

2. Ex *substantia cellulosa*, quæ vaginam umbilicalem implet, & *gelatina*, quam *Warthonianam* dicunt, plena est.

3. Ex *vena umbilicali*, quæ innumeris ramulis venosis ex substantia cavernosa placentæ oritur, dein ramis majoribus in inferiori placentæ superficie formatis, in unum definit truncum, qui per funiculum umbilicalem, & annulum umbilicalem fœtus super

peritonæo ad hapar pergit, & ibi in venam portæ se evacuat.

4. Ex duabus *arteriis umbilicalibus*, quæ in fœtu ab arteriis hypogastricis ortæ, juxta vesicæ urinariæ latera ad annulum umbilicalem ascendunt, dein per funiculum umbilicalem pergunt, & innumeris ramulis in substantiam spongiosam placentæ desinunt.

Usus funiculi. Vena *umbilicalis* fœtui sanguinem ex placenta adducit, & duæ arteriæ *umbilicales* ex fœtu in placentam reducunt.

OVUM MEMBRANACEUM FOETUS.

Fœtus in uteri cavitate magno *ovo membranaceo* inclusus est.

Hoc ovum ex *tribus membranis* constat.

Extima est *filamentosa*, ubique utero, & placentæ accreta, admodum flocculenta est, atque etiam membrana *decidua Hunteri* vocatur.

Media est membrana *Chorion*, quæ robusta, & vasculosa.

Intima vocatur membrana *Amnios*, hæc tenuis, ac pellucida est.

Usus hujus ovi est, ut liquorem amnii includat, ne ex utero effluat. Incipiente partu pars inferior orificium uterinum dilatare juvat.

LIQUOR AMNII.

Est liquidum, quod in cavo ovi penes fœtum includitur.

QUANTITAS circa partum est 2. vel 3. librarum.

PROPRIETAS. Est humor gelatinosus; turbido *sero lactis* similis.

ORIGO. Secernitur ab exhalantibus arteriis membranarum ovi.

USUS. Fœtum a pressione uteri tuetur, illum nutrit, in partu orificium uteri dilatat, & vaginam humectando lubricat.

F O E T U S.

PRIMO graviditatis *mense* finito ovum fœtus magnitudinem ovi columbini habet, & fœtus in medietate liquoris amnii natans, *moleculam* representat minimam, pellucidam, gelatinosam, quæ ex tribus parvis *bullulis* constare videtur.

Suprema bullula est maxima, & duo *puncta nigricantia* habet, ex bullula hac caput formatur, & ex punctis oculi fiunt.

Media in suo centro *punctum* habet *rubrum*, & *mobile*, quod cor est.

Infima bullula ex suo centro *pellucidum filamentum* emittit, quod funiculus umbilicalis fit.

SECUNDO MENSE peracto ovum fœtus *magnitudinem* ovi gallinacei, & fœtus magnitudinem formicæ habet. Ex media, & infima bul-

lula *eminentiæ parvæ* exeunt, e quibus extremitates fenfim formantur.

TERTIO MENSE omnia in fœtu evidentiora, &
fimul genitalia fexus jam apparent.

Reliquis 6. menfibus adeo increfcit fœtus, ut nono
finito 7. libras habeat.

SITUS fœtus, ante fextum menfem, eft capite ad
fundum uteri, & antrorfum fpectante : poft
fextum menfem capite ad uteri orificium in-
verfo, cum facie retrorfum fpectat.

EXTERNA fœtus *fuperficies* peculiari *fmegmate* pin-
gui obducta eft, quod fœtum a maceratione
liquoris amnii tuetur.

PARTES INTERNÆ, quibus fœtus ab adulto dif-
fert, fequentes funt.

1. *Canalis venofus*, qui ex finu venæ portæ in
venam cavam tendit.

2. *Foramen ovale*, quod in fepto auricularum
cordis invenitur.

3. *Canalis Botalii*, qui ex trunco arteriæ pulmonalis oblique ad truncum arteriæ aortæ
fertur.

4. *Valvula Euftachii* in origine venæ inferioris
admodum confpicua eft.

5. *Pulmo* fœtus eft nigricans, & collapfus, atque in aquam projectus *fundum* petit,
quam primum autem infans refpiravit, aquæ
innatat.

6. *Hepar* in fœtu majus eft.

7. Omnes *glandulæ* præfertim *thymus*, *glandulæ*
   fuprarenales, & *proceffus vermiformis* inteftini cœci in fœtu majores funt.

8. *Urachus* eft canalis membranofus, tenuis,
   qui a fuperiori fundo veficæ ad umbilicum
   ufque afcendit. Subinde medius, fubinde
   totus canalis cavus reperitur.

9. *Inteftina craffa*, & fubinde ultimum inteffi-
   num tenue viridi, & vifcida materia, quæ
   meconium vocatur, in fœtu replentur.

10. *Membrana tympani* auris, peculiari mem-
    brana mucofa clauditur.

11. In pupilla eft, peculiaris membrana, quæ
    pupillaris vocatur. Hæc membrana jam ante
    partum evanefcit.

Omnes in fœtu recenfiti canales, & fœtui peculiaria
    vafa poft partum collabuntur, & in ligamenta
    concrefcunt.

CONSTITUTIO offium in fœtu in *Ofteologia*, & in
    confideratione *dentium* recenfita fuit.

ANGIOLOGIA

ANGIOLOGIA

SEU

DOCTRINA

DE VASIS.

Q

ELENCHUS ANGIOLOGIÆ.

De vasis generatim.
De arteriis generatim.

Syftema arteriæ aortæ.

Aorta dat 1. arterias coronarias cordis.

   2. Dein arcum aortæ, &

   3. Aortam defcendentem.

Arcus aortæ dat I. arteriam innominatam , ex qua
     Carotis dextra, &
     Subclavia dextra oritur.

   II. Carotidem finiftram.

   III. Subclaviam finiftram.

Carotis dividitur in carotidem externam, & internàm.

Carotis externa dat 8. ramos in collum , & faciem.

  1. Thyroidea.

  2. Sublingualis.

  3. Maxillaris inferior.

  4. —————— externa, ex qua
    facialis.
    coronaria labiorum.
    angularis.

  5. Maxillaris interna, ex qua
    Sphenomaxillaris.
    Alveolaris inferior.
    Spinofa.

6. Occipitalis.

7. Auditoria externa.

8. Temporalis.

Carotis externa dat in cavo cranii 4. ramos.

1. Cerebralem anteriorem.

2. ————— posteriorem.

3. Centralem nervi optici.

4. Orbitalem internam.

Subclavia dat 4. ramos.

1. Mammariam internam.

2. Cervicalem.

3. Vertebralem, ex qua
   basilaris.
   auditoria interna.
   meningea posterior.

4. intercostalem superiorem.

Subclavia continuatur in axillarem, axillaris in brachialem.

Axillaris dat 1. mammariam externam.

2. Thoracicam inferiorem.

3. Scapularem.

4. Humeralem.

Brachialis dat:

1. Vasa lateralia.

2. Cubitalem.

3. Radialem.

Q 2

Cubitalis dat, 1. recurrentem.

     2. Interosseam externam.

     3. ————— internam.

     4. Arcum palmarem.

     5. Digitales.

Radialis dat recurrentem.

Aorta descendens dat in pectore 4. ramos.

     1. Bronchialem.

     2. Oesophageam.

     3. Intercostales inferiores.

     4. Diaphragmaticas inferiores.

Aorta descendens dat in abdomine 8. ramos.

     1. Cœliacam, ex qua

        Stomachica.

        Hepatica.

        Splenica.

     2. Meseraicam superiorem.

     3. Renales.

     4. Spermaticas.

     5. Meseraicam inferiorem, ex qua

        hæmorrhoidalis interna.

     6. Lumbares.

     7. Sacrales.

     8. Iliacas.

Iliacæ dividuntur in internam, & externam.

Iliaca interna dat 5. ramos.

     1. Iliacam parvam.

     2. Gluteam.

  Ifchiadicam.
  Pudendam communem.
  Obturatoriam.

Iliaca externa dat,
  Epigaftricam, &

Continuatur in *cruralem*, hæc in *popliteam.*
Poplitea dat,
  Tibialem anticam.
  ———— pofticam, ex qua
  Peronea.
  Arcus plantaris.
  Arteriæ plantares.

   Syftema arteriæ, & venæ pulmonalis.
Arteria pulmonalis dat dextram, & finiftram.
Venæ pulmonales dant 4. ramos.

    Syftema venæ cavæ.
Vena cava dat fuperiorem, &
   inferiorem.

Rami venæ cavæ fuperioris funt,
  Subclaviæ.
  Jugulares externæ.
  Jugulares internæ.
  Azygos.

Rami jugularis externæ funt,
  Frontalis.
  Angularis.

     Q 3

Temporalis.
Auricularis.
Sublingualis.
Occipitalis.

Rami jugularis internæ funt,
Sinus laterales duræ matris.
Laryngea.
Pharyngea.

Rami venæ azygos funt,
Vertebrales.
Intercoftales.
Bronchiales.
Pericardina.
Diaphragmatica.

Rami venæ fubclaviæ funt,
Mammariæ.
Thyroideæ.
Axillares.

Rami venæ axillaris funt,
Brachialis.
Cephalica.
Bafilica.
Mediana.
Salvatella.
Cephalica pollicis.
Digitales.

Rami venæ cavæ inferioris funt,
Hepaticæ.

Renales.

Spermatica dextra.

Lumbares.

Sacrales.

Iliacæ.

Venæ iliacæ dividuntur,

In iliacam internam, &

In iliacam externam.

Rami iliacæ internæ, feu *hypogaftricæ* funt,

Obturatoria.

Pudenda dorfalis.

Hæmorrhoidales externæ.

Rami iliaci externæ funt,

Epigaftrica.

Cruralis.

Cruralis, feu *femoralis* continuatur in venam popliteam.

Popliteæ rami funt,

Tibialis antica.

Tibialis poftica.

Peronea.

Surales.

Cephalica pollicis.

Saphena.

Dorfales pedis.

Plantares.

Digitales pedis.

Syſtema venæ portæ.

Dividitur in ventralem, & hepaticam.

   Ventralis naſcitur ex vena meſeraica magna.

          —— —— hæmorrhoidali in-
               terna.

Vena portæ hepatica dat ramos hepaticos.

       Circulatio ſanguinis in fœtu.

       De vaſis lymphaticis generatim.

DE VASIS IN GENERE.

VASA funt canales membranacei, longi, qui fanguinem, vel alium humorem vehunt.

DIVISIO vaforum eft in *arterias, venas,* & *vafa lymphatica.*

SITUS. Præter epidermidem, membranam arachnoideam, & ungues, omnes partes corporis vafa habent. Arteriæ venis profundiores funt locatæ.

DE ARTERIIS GENERATIM.

ARTERIÆ funt canales longi, membranacei, qui pulfant, fenfim anguftiores fiunt, & fanguinem a corde ad alias partes vehunt.

VENÆ funt etiam canales longi, membranacei, fed, qui non pulfant, qui fenfim latiores fiunt, atque fanguinem a partibus ad cor revehunt.

ORIGO *omnium arteriarum* eft a corde., nempe
1. *Arteria pulmonalis,* quæ a dextro, &
2. *Arteria aorta,* quæ a finiftro cordis ventriculo incipit.

D I V I S I O unius arteriæ eft in truncos, ramos, ramulos, & vafa capillaria.

F I N I S. Definunt arteriarum extremitates,
1. in *venas capillares.*
2. in *vafa exhalantia.*
3. in *vafa fecretoria.*
4. in *vafa ferofa.*
5. in *alias arterias* per *anaftomofim.*

S U B S T A N T I A. Arteriæ ex *tribus* membranis conftant.
Extima eft *communis.*
Media —— *mufcularis.*
Intima, quæ *glabra* eft, & *polita.*

Has membranas adeunt arteriolæ, venulæ , ner-
vuli.

U s u s. Arteriæ fanguinem a corde ad partes vehunt,
pro nutritione, vitæ confervatione, calefa-
&ione, & fecretione variorum humorum.

S Y S T E M A A O R T Æ.

A O R T A oritur ex finiftro cordis ventriculo, *arcum*
facit verfus dorfi vertebras, per thoracem defcendit, & per hiatum diaphragmatis exit
in abdomen, in quo juxta finiftrum latus
fpinæ dorfi ad ultimam vertebram lumborum
defcendit, ibi duos in ramos, feu in *arterias
iliacas* dividitur.

In hac via fequentes ex aorta oriuntur rami.

A R T E R I Æ C O R O N A R I Æ C O R D I S. Ex aorta ftatim
fupra valvulas femilunares oriuntur, & in fub-

ſtantiam cordis auricularum, & aortæ diſtri‑
buuntur.

ARTERIA INNOMINATA ex arcu aortæ oritur, &
ſtatim iterum in duos ramos nempe in arte‑
riam *ſubclaviam dextram*, & *carotidem dex‑
tram* dividitur.

ARTERIÆ CAROTIDES ad laryngem uſque, recta
aſcendunt, & ibi in duos ramos, in *caroti‑
dem externam*, & *internam* dividuntur.

CAROTIS EXTERNA juxta aurem ad temporalem
regionem aſcendit, & in hoc itinere 8. ramos
diſpergit.

1. *Arteriam thyroideam*, quæ ad glandulam thy‑
   roideam abit.
2. *Arteriam ſublingualem*, quæ in linguam abit,
   ſuperficiei inferiori inſerta *raninâ* vocatur.
3. *Arteriam maxillarem inferiorem*, quæ ex‑
   ternis glandulis, & muſculis colli, & ma‑
   xillæ proſpicit.
4. *Arteriam maxillarem externam*, quæ ſuper
   maxilla inferiori ad angulum internum oculi
   aſcendit, atque etiam *facialis*, & *angula‑
   ris* vocatur. Ex faciali proveniunt *arteriæ
   coronariæ* labiorum oris.
5. *Arteriam maxillarem internam*, quæ retro
   maxillam inferiorem in orbitam uſque
   aſcendit, & juxta rimam orbitalem inferio‑
   rem in tres dividitur ramos.

1. In *Sphenomaxillarem*, feu *infraorbitalem*, quæ canalem infraorbitalem ingreditur, & in foramine ejus antico in faciem emergit, atque in mufculos faciei diftribuitur. In hoc ftinere etiam naribus, orbitæ, duræ matri, & dentibus maxillæ fuperioris ramos elargitur.

2. In *fpinofam*, quæ per foramen fpinofum cranium ingreditur, juxta os temporis, & angulum inferiorem anticum offis parietalis afcendit, atque in duram matrem diftribuitur.

3. In *alveolarem inferiorem*, quæ canalem mentalem pofterius ingreditur, & anterius ex illo in maxillam inferiorem emergit. In canali mentali dentibus maxillæ inferioris ramulos elargitur.

6. *Arteriam occipitalem*, quæ intra proceffum ftyloideum, & mamillarem in mufculos ad occiput abit.

7. *Arteriam auditoriam externam*, quæ in auriculam, & meatum nuditorium externum diftribuitur.

8. *Arteriam temporalem*, quæ ante aurem afcendit, & ramum *temporalem*, *frontalem*, & *occipitalem* elargitur.

Carotis interna per canalem caroticum offis temporis cavum cranii ingreditur, varias *flexuras* in eo facit, & in ramos *cerebrinos an-*

ticos, & *posticos*, qui in cerebri corticem abeunt, dividitur.

Ante hanc divisionem dat adhuc *arteriam centralem nervi optici*, & *orbitalem internam.*

Centralis meditullium nervi optici ingreditur, & in retina membrana oculi distribuitur. Tenuissimus ramulus per humorem vitreum in lentem cristallinam pergit, & *arteria optica* vocatur.

Orbitalis interna per rimam orbitalem superiorem orbitam intrat, & in membranam choroideam bulbi distribuitur.

ARTERIÆ SUBCLAVIÆ. *Dextra* ex arteria innominata, *sinistra* ex ipso arcu aortæ nascitur.

Singula juxta claviculam arcus instar flectitur extrorsum in cavum subaxillare, in quo *arteria subaxillaris* vocatur.

Arteria subclavia dat 4. ramos.

1. *Mammariam internam*, quæ juxta sternum descendit sub costis ad cartilaginem ensiformem.

2. *Cervicalem*, quæ in musculos, & cutem colli distribuitur.

3. *Vertebralem*, quæ per foramina 7. processuum transversalium colli ascendit, & per foramen occipitale magnum, cranii cavum intrat, in quo cum arteria vertebrali socia circa processum basilarem ossis occipitis, anastomo-

fat, & fic *arteriam bafilarem* format, ex hac oritur.

Arteria auditoria interna, quæ per meatum auditorium internum in cavitatem auditus diftribuitur.

Arteria meningea pofterior, quæ ad duram matrem pergit.

Arteriæ fpinales, quæ in fpecum vertebralem abeunt, & medullæ fpinali anterius, & pofterius incumbunt.

4. *Intercoftalem fuperiorem*, quæ in 3. ramos divifa a capitulis pofterioribus coftarum in margine earum inferiori ad fternum decurrunt.

ARTERIA AXILLARIS continuatur in *brachialem*, quæ fub tendine mufculi pectoralis majoris juxta internum marginem mufculi bicipitis ad flexuram cubiti decurrit.

Axillaris dat *mammariam externam*, quæ ad mammas abit.

Thoracicam inferiorem, quæ juxta marginem fcapulæ inferiorem defcendit.

Scapularem, quæ in externam, & internam dividitur, & in mufculos infra, & fupra fcapulam locatos diftribuitur.

Humeralem, quæ circa caput humeri dividitur.

ARTERIA BRACHIALIS penes marginem internum mufculi bicipitis defcendit in cubiti flexuram, & fub expanfione tendinea mufculi bicipitis dividitur in *arteriam cubitalem*, & *radialem*.

Sed in medietate circiter dat arteria brachialis duos, vel tres ramos laterales, quos *arterias laterales* vocant. Hæc vasa cum vasis antibrachii anastomosim faciunt.

ARTERIA RADIALIS penes radium descendit in volam manus, in qua pollici, & digito indici *arterias digitales* dat, & in medietate antibrachii *arteriam radialem recurrentem*, quæ ascendit, & cum ramo laterali, seu descendente arteriæ brachialis anastomisat.

ARTERIA CUBITALIS penes cubitum decurrit, & sub ligamento carpi ad volam manus pervenit, in hac via dat.

Arteriam cubitalem recurrentem, quæ ad humerum redit, & cum arteria laterali brachii in unum truncum coit.

Arteriam interosseam, quæ in *externam*, & *internam* se dividit, quarum una supra, altera infra ligamentum interosseum in musculos antibrachii se distribuit.

Arcum palmarem , quem cubitalis arteria sub musculo palmari in vola manus format, ex hoc arcu palmari oriuntur 4. *arteriæ digitales*, quæ circa primam phalangem in duos ramos se dividunt, qui ad apices digitorum decurrunt.

AORTÆ DESCENDENTIS RAMI.

AORTA DESCENDENS ab arcu ad diaphragma usque 4. dat ramos.

1. *Arterias bronchiales*, quæ ad veficulas pulmonales, & bronchia.

2. *Arterias œfophageas*, quæ ad inferiorem partem œfophagi.

3. 8. Paria *arteriarum intercoſtalium inferiorum*, quæ in inferiori margine 8. coſtarum inferiorum ad ſternum uſque decurrunt.

4. *Arterias diaphragmaticas inferiores*, quæ ad diaphragma abeunt.

AORTA DESCENDENS in abdomine dat 8. ramos.

1. *Arteriam cœliacam*, quæ ſolitaria eſt, & ſub ventriculo in tres ramos dividitur.

in *arteriam ſtomachicam*, quæ ad ventriculum abit, & ei *coronariam* dat.

in *arteriam ſplenicam*, quæ ad ſplen abit, ſed fimul ramum *pancreaticum*, *epiploicum*, *gaſtricum ſiniſtrum*, & *vaſa brevia* format.

in *arteriam hepaticam*, quæ ad hepar abit, ſed fimul aliis viſceribus ramos dat ſub nomine *arteriæ gaſtricæ dextræ*, *pyloricæ*, *duodenalis*, *epiploicæ*, *cyſticæ*.

2. *Arteriam meſeraicam ſuperiorem*, quæ in inteſtino jejuno, cæco, & colon dextro ramos dat.

3. *Arterias renales*, quæ ad renes abeunt, & fimul arterias *ſuprarenales*, & *adipoſas* renum forment.

4. *Arterias*

4. *Arterias spermaticas*, quæ in lumbis super musculo psoas descendunt, & per annulos inguinales ad testiculos abeunt, in mulieribus autem ad ovaria distribuuntur.

5. *Meseraicam inferiorem*, quæ ad colon sinistrum decurrit, & intestino recto dat *arteriam hæmorrhoidalem internam*.

6. *Arterias lumbares*, quæ ad musculos lumborum, & abdominis distribuuntur, & ibi etiam *arteriæ hypogastricæ externæ* dicuntur, harum 5. vel 6. sunt paria.

7. *Arterias sacras* tres, vel duas, quæ juxta os sacrum descendunt.

8. *Arterias iliacas*, in quas aorta descendens dividitur circa ultimam vertebram lumbarem.

Arteriæ iliacæ.

ARTERIÆ iliacæ se dividunt in *externam*, & *internam*.

ARTERIA *iliaca interna*, quæ etiam *hypogastrica* vocatur, se distribuit in fœtu in 6. in adulto in 5. ramos, qui intra, & circa pelvem dividuntur.

1. *Arteria umbilicalis* in fœtu penes vesicam urinariam ascendit, & per annulum umbilicalem in funiculum umbilicalem, & per eum ad placentam abit.

R

2. *Arteria iliaca parva interna* in muſculum ilia-
cum internum, & pſoas diſtribuitur.

3. *Arteria glutea* per exciſuram iſchiadicam egreditur in muſculos gluteos.

4. *Arteria iſchiadica* per eandem exciſuram
egreditur, & circa tuberoſitatem iſchii dividitur.

5. *Arteria pudenda* adhuc in cavo pelvis in pudendam externam, & hæmorrhoidalem externam ſe dividit.

Pudenda externa, quæ extra inteſtinum rectum, & veſicam urinariam ad corpora cavernoſa 'penis, & in fæminis ad uterum
abit.

Hæmorrhoidalis externa per exciſuram iſchiadicam ex pelvi exit, atque circa anum ex-
terne diſtribuitur.

6. *Arteria obturatoria* per exciſuram in ſuprema
parte foraminis ovalis egreditur ex pelve,
atque in muſculos circa pelvem locatos dividitur.

ARTERIA *iliaca externa* egreditur e cavo pelvis ſub
ligamento Pupartii, & in interna femoris parte
deorſum pergit ad cavum ſubpopliteum. In
hoc itinere *arteria cruralis*, ſeu *femoralis*
vocatur, & in cavo ſubpopliteo *arteria poplitea*.

Arteria iliaca sub exitu ex pelvi dat.

1. *Arteriam epigastricam*, quæ sub musculo recto abdominis in abdomine usque ad sternum ascendit, & ibi cum ramus arteriæ mammariæ internæ anastomisat.

2. *Arteriam iliacam externam parvam*, quæ circa labium externum ossis ilii in musculos distribuitur.

ARTERIA *cruralis* dat multos ramos *musculares*, qui ad musculos femoris abeunt, & *arterias laterales*, quæ cum arteriis genualibus *recurrentibus* a tibiali anastomisant.

ARTERIA *poplitea* ad duos pollices sub poplite in *tibialem anticam*, & *posticam* dividitur.

Arteria tibialis antica ligamentum interosseum perforat, super illo anterius descendit ad dorsum pedis, ubi penes pollicem pedem perforat, & in plantam pedis egreditur, in qua cum arcu plantari anastomisat.

Arteria tibialis postica iliaco ramum dat, qui *arteria peronea* vocatur.

Peronea retro fibulam descendit, inferius perforat ligamentum interosseum, & ad dorsum pedis egreditur.

Tibialis postica autem in interna, & postica parte tibiæ descendit, & retro malleolum internum in plantam pedis egreditur, in qua *arteriam plantarem internam*, & ex-

R 2

ternam format, quæ in arcum *plantarem*,
ex qua *arteriæ digitales* oriuntur, coeunt.

SYSTEMA ARTERIÆ, ET VENÆ PULMONALIS.

ARTERIA PULMONALIS ex dextro cordis ventriculo oritur, recta assurgit ex pericardio,
& ilico in *duos ramos* dividitur.

Ramus dexter sub arcu aortæ in dextrum pulmonem.

Ramus sinister in sinistrum pulmonem abit.
Uterque in pulmonis substantia in innumeros ramos, & ramulos retis adinstar in vesi-
culis pulmonalibus distribuitur, & in
venulas pulmonales finitur.

VENÆ PULMONALES innumeris ramulis oriuntur
ab extremitatibus anteriorum pulmonalium,
demum 4. formant *ramos*, qui in *sinum venosum sinistrum* cordis se evacuant.

DE VENIS GENERATIM.

Venæ sunt canales longi, ac membranacei, qui perpetuo latiores fiunt, non pulsant, atque sanguinem a partibus ad cor revehunt.

ORIGO venarum est duplex.

1. ab *extremitatibus capillaribus* arteriarum per
anastomosim.

2. a *superficie externa*, & *interna* totius corporis per venas abforbentes.

FINIS venarum *generatim* eft in finus , & auricu-
las cordis. Sed finis venarum *specialis* eft qua-
druplex.

    1. in *venam cavam*.

    2. — *venam pulmonalem*.

    3. — *venam portæ*.

    4. — *finus duræ matris*.

FIGURA venarum ramofa eft.

DIVISIO in truncos, ramos, ramufculos, & venas
capillares, feu abforbentes.

SITUS. Venæ comitantur arterias, fed ut plurimum
altiores locantur.

SUBSTANTIA eft *ex tribus membranis*, quæ vero
tenuiores, quam in arteriis funt.

    Extima *communis*.

    Media *fibrofa*, at circa cor *mufculofa* eft.

    Intima *polita* vocatur.

VALVULÆ venarum funt membranulæ tenues, femilunares, quæ reditum fanguinis in vena ab
apice verfus bafim venæ impediunt.

USUS venarum eft *reducere* fanguinem a partibus ad
cor. *Abforbere* tenues humores a fuperficie
interna, & externa totius corporis.

R 3

SYSTEMA VENÆ CAVÆ.

VENA CAVA incipit, feu fe evacuat in dextrum fi-
     num venofum cordis, & ftatim fe dividit,

in *venam cavam fuperiorem*, &

— *venam cavam inferiorem.*

VENA CAVA *fuperior* recipit omnem fanguinem,
     qui redit a capite, collo, thorace, & extre-
     mitatibus fuperioribus.

VENA CAVA *inferior*, recipit omnem fanguinem
     ex abdomine, & extremitatibus inferioribus
     redeuntem.

Venæ capitis.

Sanguis ex cerebro, facie, & collo redit per

     2. *venas jugulares externas*, &

     2. *venas jugulares internas.*

Venæ *jugulares internæ*, incipiunt a foramine lacero
     cranii, reducunt fanguinem omnem a cerebro,
     & cerebello, quorum venæ in 22. finus duræ
     matris, & hi finus ope finuum lateralium in
     venas jugulares internas fe evacuant.

Venæ *jugulares internæ* in collo fupra arterias caro-
     tides defcendunt, & in venas fubclavias fe
     evacuant.

Venæ *jugulares externæ* ad latera colli ftatim fub in-
     tegumentis communibus colli locantur.

Etiam in venas subclavias se evacuant, & redecunt sanguinem a partibus externis capitis, & colli, hinc in eas se evacuant *vena frontalis, vena angularis, temporalis, auricularis, sublingualis, occipitalis.*

Venæ extremitatum superiorum.

Ex *venis digitalibus* reddit sanguis,

in *cephalicam pollicis*, quæ juxta pollicim, &

in *venam salvatelam*, quæ juxta digitum minimum locatur.

In flexura cubiti sunt tres venæ notabiles,

Basilica, quæ in inferiori,

Cephalica, quæ in superiori parte antibrachii decurrit, &

Mediana, quæ a medietate antibrachii ad basilicam, & cephalicam descendit.

Omnes hæ venæ in *venas brachiales*, hæ in *axillarem*, hæc in *subclaviam* se evacuat.

Vena cava superior.

Venæ axillares sub claviculis decurrunt, & *subclaviæ* vocantur. Utraque subclavia in unum truncum unitur, qui *vena subclavia superior* dicitur. Hæc in postico mediastini spatio decurrit, pericardium perforat, & in sinum venosum dextrum se evacuat. Vena cava superior recipit *venas subclavias externas*, *jugulares internas*, & *venam azygos.*

VENA AZYGOS recipit *venas vertebrales*, *intercoftales*, *bronchiales*, & *diaphragmaticas.*

Vena cava inferior.

VENA CAVA INFERIOR ab ultima vertebra lumborum in dextro latere spinæ dorsi afcendit, dextrum diaphragmatis foramen tranfit, atque cum vena cava fuperiori fe unit, & definit cum eadem in finum venofum dextrum cordis.

In cavo abdominis recipit *venas hepaticas*, *renales*, *fpermaticam dextram*, *lumbares*, *facrales*, & *iliacas.*

Venæ extremitatum inferiorum.

VENÆ digitales pedis fe evacuant,
in *cephalicam*, quæ a pollice,
faphenam, quæ a digito minimo, &
dorfalem, quæ in dorfo pedis decurrit.

Hæ cum *venis plantaribus* in *malleolares*, & *furales*, hæ in venam *fubpopliteam* fe evacuant.

SUBPOPLITEA afcendit, & *femoralem*, feu *venam cruralem* format. Hæc fub ligamento Pupartii in cavum pelvis ingreditur, atque cum *vena*

iliaca interna, quæ venas hæmorrhoidalẹs *ex-*
ternas, & *hypogaſtricas* recipit, ſe unit. Utraque *vena iliaca* demum in inferiorem partem
venæ cavæ inferioris circa ultimam vèrtebram
lumborum ſe evacuat.

SYSTEMA VENÆ PORTÆ.

VENA PORTÆ vocatur magna illa vena, quæ ſanguinem a viſceribus abdominalibus in ſubſtantiam hepatis ducit.

Truncus hujus venæ circa fiſſuram hepatis, in qua
locatur, in partem *hepaticam*, & partem *ab-*
dominalem dividitur.

PARS ABDOMINALIS a tribus ramis venoſis componitur nempe

a *vena ſplenica.*

vena meſeraica, &

vena hæmorrhoidali interna.

Hi tres rami venoſi omnem ſanguinem a ventriculo, liene, pancreate, omento, me-
ſenterio, veſicula fellea, inteſtinis tenuibus, & craſſis conferunt in ſinum venæ
portarum.

PARS venæ portarum *hepatica* a ſinu ſuo in ſubſtantiam hepatis ingreditur, rami hepatici omnes
convergunt, id eſt *arterioſi* fiunt, & bilem ſecernunt in hepate.

Sanguis ab hepate redux ex hepate per *venas he-paticas* in venam cavam fub hepate afcen-dentem, redit.

CIRCULATIO SANGUINIS IN FOETU.

Fœtus recipit fanguinem a matre per *venam umbili-calem*, & illum matri remittit per 2. *arterias umbilicales.*

VENA UMBILILICALIS ex funiculo umbilicali per annnulum umbilicalem fœtus intrat, & fuper peritonæo peculiari vagina involuta ad hepar abit, atque ibi in finum venæ portæ fe eva-cuat. Ex finu venæ portæ *canalis venofus* ad venam cavam fub hepate afcendentem pergit.

ARTERIÆ UMBILICALES ab arteriis *hypogaftri-cis*, feu *iliacis internis* ortæ, juxta veficam urinariam afcendunt, & per amulum umbili-calem exeunt ex abdomine per funiculum um-bilicalem ad placentam.

Sanguis in fœtu a dextro cordis ventriculo ad fini-ftrum per *tres vias* pergit.

    I. Per *arteriam pulmonalem* prout in homine adulto.

    2. Per *foramen ovale*, quod in fepto auricula-rum eft, ex una auricula cordis in alteram.

3. Per *canalem Botalii*, qui ex trunco arteriæ pulmonalis oblique ad truncum aortæ decurrit.

DE VASIS LYMPHATICIS.

Sunt tenuiſſima, & pellucida vaſa, quæ lympham a partibus revehunt.

FIGURA eſt ramoſa, ut venæ perpetuo latiora fiunt, & a valvulis nodoſa ſunt.

SITUS. In ſuperficie viſcerum *thoracis*, & *abdominis*.

— *faciei* parte inferiori, & muſculis linguæ.

— *collo* juxta venas majores.

— *extremitatibus* ſuperioribus, & inferioribus.

— *pelvi* juxta vaſa iliaca, & funiculum ſpermaticum decurrunt.

DEFECTUS horum vaſorum eſt in cerebro, oculo, & peritonæi parte anteriori. In hiſce locis ſaltem nondum detecta ſunt.

ORIGO eſt ab arteriis a cavitatibus majoribus, ex tela celluloſa, ex viſceribus, & viſcerum ductibus excretoriis.

FINIS omnium vaſorum lymphaticorum, colli, thoracis, abdominis, extremitatum ſuperiorum, & inferiorum eſt in *ductum thoracicum*.

SUBSTANTIA. Conſtant ex duplici tenera, pellucida, robuſta, tunica.

VALVULÆ. Creberrimis valvulis gemellis ubique interccpta ſunt, quæ refluxum lymphæ impediunt.

GLANDULÆ *lymphaticæ*, feu *conglobatæ.* Sunt peculiare genus glandularum, quod in itinere
vaforum lymphaticorum ubique invenitur. Has
glandulas fubeunt hæc vafa, & ex his iterum
redeunt. Hæ glandulæ funt glomeres vaforum
lymphaticorum, in quibus hæc arteriofa fiunt,
& iterum venofa facta exeunt.

Usus vaforum lymphaticorum eft reductio lymphæ
a partibus in ductum thoracicum, in quo chylus lympha gelatinofa diluitur.

Usus *glandularum lymphaticarum* eft: Secretio fucci
gelatinofi, qui lymphæ in glandula admi-
fcetur.

NEVROLOGIA

seu

DOCTRINA

DE NERVIS,

ELENCHUS NEVROLOGIÆ.

De nervis generatim.

Primum par.   Nervi olfactorii.
Secundum par. Nervi optici.
Tertium par.   Nervi oculos motorii.
Quartum par.   Nervi pathetici.
Quintum par.   Nervi trigemini.
Sextum par.   Nervi abducentes.
Septimum par. Nervi auditorii.
Octavum par   Nervi vagi.
Nonum par   Nervi linguales.
De nervis medullæ spinalis generatim.
Nervi cervicales.
——— dorsales.
——— lumbares.
——— sacrales.
——— intercostales magni.

DE NERVIS GENERATIM.

Nervi funt longi, albicantes funiculi, qui fenfationi inferviunt.

Origo nervorum eft *quinduplex*.

   1. a *cerebro*.

   2. — *cerebello*.

   3. — *medulla oblongata*.

   4. — *medulla fpinali*.

   5. ab *aliis nervis*.

Finis eft in *organa* fenfuum.

     in *vifcera*.

     — *vafa*.

     — *mufculos*.

Figura nervi eft ramofa, hinc

Divisio in truncos, ramos, ramulos, fibras capillares, papillas, plexus nerveos, & ganglia.

Substantia nervi eft duplex. Componitur

   1. ex *vagina*, quam dura, & pia mater dat.

   2. ex *pulpa nervea*, quæ ex tenuiffimis canalibus, qui liquidum nerveum continent, conftat, demum multa *vafa fanguinea capillaria* vaginam adeunt.

Usus. Nervi inferviunt.

   1. *Senfationi* partium fenfilium.

   2. *Senfibus* 5. *externis*, ut *tactui*, *vifui*, *au-*
      ditui, *odoratui*, *guftui*.

   3. *Motui mufculorum.*

Anatomici nervos dividunt in *cerebrinos*, & *fpinales.*

   Cerebrini vocantur, qui ab encephalo orti per
      foramina cranii exeunt;

   Spinales dicuntur, qui a medulla fpinali orti per
      foramina lateralia vertebrarum exeunt.

Numerus nervorum. Sunt 39. *paria. Paria* 9.
   funt, nervorum cerebrinorum. 30. *paria* nervorum fpinalium.

   9. *Paria nervorum cerebrinorum* funt,

      1. Par. Nervi *olfactorii.*

      2. — —— *optici.*

      3. — —— *oculos motorii.*

      4. — —— *pathetici.*

      5. — —— *trigemini.*

      6. — —— *abducentes.*

      7. — —— *auditorii.*

      8. — —— *vagi.*

      9. — —— *linguales.*

   30. *Paria nervorum fpinalium* dividuntur.

      1. in 8. *paria nervorum cervicalium.*

      2. — 12. *paria nervorum dorfalium.*

      3. — 5. *paria nervorum lumbarium.*

      4. — 5. *paria nervorum facrorum.*

DE

DE NERVIS CEREBRI IN SPECIE.

I. PAR. NERVI OLFACTORI.

A *corporibus striatis* cerebri oriuntur, & per foramina cribrosa ossis ethmoidei in cavum narium abeunt, atque ibi plurimis ramulis in membranam pituitariam narium distribuuntur. Inserviunt odoratui.

II. PAR. NERVI OPTICI.

A *thalamis nervorum opticorum* in cerebro orti, ante infundibulum, seu super sella turcica ad se invicem uniuntur in formam literæ x, iterum a se invicem recedunt, & per foramina optica ossis sphenoidei in orbitam abeunt, ibi bulbum oculi perforant, & in eo tunicam *retinam*, quæ visus est organum, formant.

III. PAR. NERVI OCULOS MOTORII.

A *cruribus cerebri* oriuntur, abeunt per rimam orbitalem superiorem in orbitam, & in 5 ramos dividuntur, quorum 4 ad musculos bulbi, & quintus ramus ad *ganglium ophthalmicum* abit.

IV. PAR. NERVI PATHETICI.

A *testiculis cerebri* oriuntur, & per rimam orbitalem superiorem in orbitam abeunt, in qua

S

in musculum, obliquum superiorem distribuuntur.

V. PAR. NERVI TRIGEMINI.

Hi a *cruribus cerebelli* oriuntur, & adhuc in cavo cranii in tres ramos dividuntur: nempe

    1. In *ramum orbitalem*, seu *ophthalmicam*.

    2. — *ramum maxillarem superiorem*.

    3. — *ramum maxillarem inferiorem*.

I. RAMUS ORBITALIS per rimam orbitalem superiorem in orbitam abit, in qua in 3. dividitur ramos.

    1. In *ramum frontalem*, qui per foramen superciliare ex orbita in frontem exit, & ibi nervos frontales profundos, & superficiales format.

    2. In *ramum lachrymalem*, qui ad glandulam lachrymalem.

    3. In *ramum nasalem*, qui per foramen orbitale nasi in cavum narium abit.

2. RAMUS MAXILLARIS SUPERIOR per foramen rotundum e cavo cranii egreditur, transit canalem infraorbitalem, & per foramen anticum hujus canalis in faciem, seu maxillam superiorem emergit. In hoc itinere 4. dat nervos ... alveoli ... dentium superiorem ... in maxillam ...

3. *Ramus maxillaris inferior* per foramen ovale e cavo cranii egreditur, & dein in a. ramos se distribuit.

II. *Ramus lingualis* in musculos, & substantiam linguæ abit.

3. *Ramus mentalis* posticum foramen canalis mentalis, in maxilla inferiori ingreditur, canalem transit, & per foramen anticum hujus canalis in extimam superficiem maxillæ inferioris emergit.

In itinere per canalem omnibus alveolis dentium, dat ramulos, qui *nervi alveolares inferiores* dicti dentium radices ad medullium dentium abeunt.

VI. PAR. NERVI ABDUCENTES.

A parte postica *pontis Varolii* oriuntur, sinum cavernosum duræ matris transeunt, & per fissuram orbitalem superiorem in orbitam egrediuntur, in qua in musculum abducentem, seu rectum externum abeunt.

VII. PAR. NERVI AUDITORII.

uplici portione una superiori, quæ *dura*, altera inferiori quæ *mollis* portio vocatur, oriuntur. *Portio dura* a cruribus cerebelli, *portio mollis*, a quarto *cerebri ventriculo* originem habet.

S 2

Uterque ramus ad orificium meatus auditorii interni abit.

Ramus mollis per foraminula meatus auditorii in labyrinthum auris internæ distribuitur, & primarium auditus organum constituit.

Ramus durus, in meatu auditorio interno aquæ ductum Fallopii ingreditur, & ex eo per foramen stylomastoideum in regionem temporalem emergit, in qua pedis anserinæ forma plurimis ramis distribuitur.

VIII. PAR. NERVI VAGI.

A corporibus olivaribus medullæ oblongatæ oriuntur, & per foramina lacera cranii in collum, thoracem, & abdomen egrediuntur.

In COELO dant ramos duos.

    1. *Ramos linguales,* qui ad linguam.

    2. *Ramos laryngeos superiores,* qui ad laryngem abeunt.

In THORACE dant ramos quatuor.

    1. *Ramos laryngeos recurrentes,* quorum *dexter* arteriam subclaviam dextram, *sinister* arcum aortæ ansa circumdat, & dein ad laryngem recurrit.

    2. *Plexum cardiacum,* a quo nervi ad cor.

    3. *Plexum pulmonalem,* a quo nervi ad pulmones.

4. *Plexum œfophageum*, a quo nervi ad œfophagum diftribuuntur.

Demum *trunci* nervorum vagorum œfophago in cavo mediaftini adjacentes, unus anterior, alter pofterior, cum œfophago in ventriculum abeunt, & ibi

1. *Plexum ftomachicum* formant, qui ventriculo nervos dat, &

2. *Ramos* ad *plexus abdominales*, quos nervus intercoftalis magnus' in abdomine format.

IX. PAR. NERVI LINGUALES.

A *fulco* inter corpora olivaria, & pyramidalia oriuntur, & per foramina condyloidea anteriora ad linguam abeunt.

NERVI MEDULLÆ SPINALIS.

Nervi, qui a medulla fpinali oriuntur *fpinales* vocantur. Exeunt per *foramina* lateralia, feu intervertebralia vertebrarum, & offis facri.

NERVI CERVICALES.

NERVORUM CERVICALIUM funt 8. paria.

Primum par vocatur *nervi occipitales*, hi intra os occipitis, & primam vertebrarum colli exeunt, & diftribuuntur ad occiput, & collum.

Reliquæ 7. paria nervorum cervicalium distribuuntur ad musculos colli, glandulam pa-
 rotidem; humerum, auriculam. Ab his nervis oriuntur.

 1. *Nervus accessorius Willisii.*

 2. *Nervus phrenicus,* seu *diaphragmaticus.*

 3. *Plexus brachialis.*

Nervi accessorii a 2. 4. & 5. pari cervicali oriuntur, ascendunt per foramen occipitale magnum in cavum cranii, & iterum ex eo
 per foramina lacera exeunt in musculum
 trapezium.

Nervi phrenici a 3. 4. & 5. pari cervicali oriuntur, in unum truncum collecti descendunt
 ad cavum thoracis, in quo intra claviculam, & arteriam subclaviam penes pericardium ad diaphragma abeunt.

Plexus brachialis formatur a 5. infimis paribus
 cervicalibus, & primo pari dorsali, & distribuitur in 6. ramos, qui in extremitates
 superiores abeunt.

 1. *Nervus articularis,* qui in articulo humeri
 distribuitur.

 2. *Nervus medianus,* cum arteria brachiali descendit in volam manus usque, ibi pollici,
 indici, & digito medio duos dat ramos,
 digitales dictos, & digito annulari ramum
 digitalem unum.

3. *Nervus ulnaris* a plexu brachiali defcendit penes condylum internum brachii, & penes cubitum in volam manus, in qua digito annulari unum, & digito auriculari duos dat ramos *digitales.*

4. *Nervus radialis* penes externum brachii, & antibrachii latus ad dorfum manus defcendit, in quo itinere ubique in mufculos diftribuitur.

5. *Nervus cutaneus externus*, qui etiam mufculo-cutaneus vocatur, quia mufculum coracobrachialem perforat, dein penes venam medianam defcendit in antibrachio ad pollicem.

6. *Nervus cutaneus internus* in interno brachii, & antibrachii latere defcendit ad digitum minimum.

NERVI DORSALES.

Nervorum *dorfalium* funt 12. paria, quæ fub inferiori margine coftarum ad fternum decurrunt, & nervi *coftales* vocantur. Diftribuuntur in mufculos, & cutem dorfi, atque thoracis.

NERVI LUMBALES.

Nervorum *lumbalium* funt 5. paria, quæ diftribuuntur ad mufculos, & cutem lumborum, atque abdominis. Ramos dant ad formationem nervi *obturatorii*, & *cruralis.*

N E R V I   S A C R I.

Nervorum *facrorum* funt etiam 5. paria, quæ a cauda
equina medullæ fpinalis oriuntur, & per foramina interna offis facri exeunt, atque in cavo
pelvis diftribuuntur in veficam urinariam, veficulas feminales, penem, uterum, vaginam,
& inteftinum rectum.

Nervi *extremitatum inferiorum* a lumbalibus, & fa-
cris formantur, & numero 3. funt.

    1. *Nervus obturatorius* a nervis lumbalibus ori-
       tur, per incifuram fuperiorem foraminis
       ovalis e cavo pelvis exit, & in mufculos
       circa pelvem diftribuitur.

    2. *Nervus cruralis* etiam a tribus primis paribus
       lumbalibus oritur, cum vafis cruralibus fub
       ligamento Pupartii ex cavo abdominis exit,
       diftribuitur in mufculos, & cutem femo-
       ris, atque cruris ad dorfum pedis ufque.

    3. *Nervus ifchiadicus*, qui maximus eft noftri
       corporis nervus, oritur ab ultimis duobus
       lumbalibus, & tribus primis paribus facris,
       in unum truncum collectus e cavo pelvis
       per excifuram ifchiadicam egreditur, dein
       intra tuberofitatem ifchii, & trochanterem
       majorem femoris in exteriori, & poftica
       femoris parte defcendit in cavum popli-
       teum, fub quo in ramum *tibialem*, & *pe-*
       ronæum dividitur.

Ramus tibialis descendit, & juxta malleolum internum, & sinuositatem calcanei in plantam pedis abit, in qua in *plantares* nervos *internum*, & *externum*, a quibus *nervi digitales* formantur, dividitur.

Ramus peronæus multis ramis in musculos cruris, & dorsum pedis distribuitur.

NERVI INTERCOSTALES MAGNI.

NERVUS INTERCOSTALIS MAGNUS oritur in cavo cranii a ramo sexti paris, qui cum recurrente ramo quinti paris, quem nervum *viduanum* vocant, in unum truncum conjunctus, per canalem caroticum e cavo cranii egreditur, & juxta latera corporum vertebralium colli, thoracis, lumborum, & ossis sacri descendit.

In hoc itinere ab omnibus 30. paribus nervorum spinalium duos *ramulos accessorios* aquirit, & sequentes ramos nerveos format.

in COLLO dat 3. *ganglia*, quæ *cervicalia* dicuntur.
  supremum.
  medium.
  infimum.

ab his oriuntur *nervi cardiaci*, qui ad cor, & *nervi pulmonales*, qui ad pulmones abeunt.

In THORACE dat *nervum splanchnicum*, seu *intercostalem anteriorem*, qui diaphragma per-

format, & in abdomine circa renes ganglia se-
milunaria format, ex quibus nervi ad omnia
viscera abdominalia exeunt. Hi nervi exeuntes
in abdomine 10. peculiares *plexus* nerveos
formant, sub nomine visceris ad quod pertinent, uti:

1. *Plexus coeliacus* ad ventriculum.
2. ———— *splenicus* ad lien.
3. ———— *hepaticus* ad hepar.
4. ———— *mesentericus supremus.*
5. ———— *mesentericus medius.*
6. ———— *mesentericus infimus,* seu *hypo-*
   gastricus ad mesenterium.
7. Duo *plexus renales* ad renes.
8. Duo *plexus spermatici* ad testiculos
   abeunt.

Nervus *intercostalis posterior* circa pelvim ramos accessorios ad viscera, & nervum ischiadicum
dat, & demum ita finitur.

ADENOLOGIA

SEU

DOCTRINA

DE GLANDULIS.

ELENCHUS ADENOLOGIÆ.

D<small>E</small> glandulis generatim.

Glandulæ in cavitate cranii.

Glandulæ duræ matris.
Glandulæ plexus choroidei.
Glandula pituitaria.

Glandulæ oculorum.

Glandulæ Meibomianæ.
———— lachrymales.
———— carunculæ lachrymalis.

Glandulæ narium.

Glandulæ muciparæ membranæ pituitariæ.

Glandulæ aurium.

Glandulæ ceruminofæ.

Glandulæ colli.

Glandulæ jugulares.
———— fubmaxillares.
———— cervicales.
Glandula thyroidea.

Glandulæ oris.

Glandulæ parotides.
———— maxillares.

Glandulæ sublinguales.
——————— buccales.
——————— molares.
——————— labiales.

Glandulæ faucium.

Glandulæ palatinæ.
——————— uvulares.
——————— tonsillares.
——————— linguales.
——————— laryngeæ.
——————— pharyngeæ.

Glandulæ mammarum.

Glandulæ mammariæ.

Glandulæ cavitatis thoracis.

Glandula thymus.
——————— bronchiales.
——————— œsophageæ.
——————— dorsales œsophagi.

Glandulæ cavi abdominalis.

Glandulæ gastricæ.
——————— intestinales.
——————— meseraicæ.
——————— hepaticæ.
——————— cysticæ.
——————— pancreaticæ.
——————— omentales.

Glandulæ lumborum.

Glandulæ fuprarenales.
——— lumbares.
——— iliacæ.
——— facrales.

Glandulæ genitalium virilium.

Glandulæ odoriferæ glandis.
——— muciparæ urethræ.
——— Cowperi.
——— Littrii.
Glandula proftrata.

Glandulæ genitalium muliebrium.

Glandulæ odoriferæ labiorum.
——— odoriferæ clitoridis.
——— muciparæ urethræ.
——— ——— vaginales.
——— ——— Bartholinian

Glandulæ extremitatis

Glandulæ Synoviales.
——— inguinales.
——— fubaxillares.

Glandulæ cutis.

Glandulæ fubcutaneæ.

DE GLANDULIS GENERATIM.

GLANDULA est parva, rotunda, vel glandiformis machina, quæ secretioni, aut mutationi alicujus humoris inservit.

DIVISIO glandularum est in IV. species.

    1. in folliculosas.

    2. — globatas.

    3. — glomeratas, &

    4. — conglomeratas.

GLANDULA FOLLICULOSA ex cava membrana vasculosa constat, & ductum excretorium habet. Glandulæ muciparæ, & sebaceæ in hanc classem pertinent.

GLANDULA GLOBATA ex glomere vasorum lymphaticorum, tela cellulosa connexorum, constat; nec cavitatem, nec ductum excretorium habet. Glandulæ lymphaticæ vasorum lymphaticorum huc pertinent.

GLANDULA GLOMERATA ex glomere vasorum sanguineorum constat, ductum excretorium, sed cavitatem non habet. Glandulæ lachrymales, & mammariæ, sic se habent.

GLANDULA

Glandula conglomerata est glandula composita ex pluribus glandulis glomeratis, quæ sui ductibus excretoriis in unum magnum ductum excretorium hiant. *Pancreas,* & *glandulæ salivales,* sic sunt constitutæ.

Ductus excretorius glandularum est canalis tenuis, qui ex glandula exit, & succum a glandula secretum excernit.

Alia glandularum divisio est a liquido, quod secernunt, vel immutant, in glandulas *febaceas, muciparas, lymphaticas, lachrymales, salivales, biliosas, lacteas,* &c.

Nervi, & *vasa* glandularum sunt multa, & a partibus vicinis.

Connexio glandularum est cum aliis partibus ope telæ cellulosæ, qua etiam ipsa substantia glandulæ cohæret.

Usus glandularum est, secernere, vel mutare aliquem humorem. In *infantibus* sunt glandulæ majores, quam in *adultis,* hinc in his major usus.

GLANDULÆ IN CAVITATE CRANII.

Glandulæ duræ matris. Ab inventore etiam *Bacchonianæ* vocantur. Juxta sinum longitudinalem superiorem duræ matris in peculiaribus ossis frontis, & ossium parietalium foveolis locantur. Videntur esse glandulæ globatæ.

Glandulæ

GLANDULÆ PLEXUS CHOROIDEI. Glandulæ globatæ funt, quæ in plexu choroideo ventriculorum cerebri inveniuntur.

GLANDULA PITUITARIA. In fella turcica offis
fphenoidei inter laminas duræ matris inclufa locatur. Finis infundibuli in eam definit.

GLANDULÆ OCULORUM.

GLANDULÆ MEIBOMIANÆ. Sunt febaceæ. Sub
cute palpebrarum juxta tarfos earum locantur;
& ductibus excretoriis, quorum orificia *puncta
ciliaria* dicuntur, in margine tarforum definunt.

GLANDULA LACHRYMALIS, eft glomerata; fupra externum orbitæ angulum in peculiari fovea
offis frontis locatur. Cum 6. vel 8. canalibus excretoriis in interna palpebræ fuperioris fuperficie
aperitur, qui lachrymas fecernunt.

CARUNCULA LACHRYMALIS. Eft parva, ac rubicunda prominentia, quæ in interno orbitæ angulo inter ambos palpebrarum tarfos prominet.
Conftat ex parvis glandulis febaceis, quæ febum
fecernunt.

GLANDULÆ NARIUM.

GLANDULÆ MUCIPARÆ MEMBRANÆ PITUITA-
RIÆ NARIUM. Circa feptum narium majori
copia inveniuntur, mucum narium fecernunt.

T

GLANDULÆ AURIUM.

GLANDULÆ CERUMINOSÆ, quæ sub cute meatus auditorii externi locantur, sunt glandulæ sebaceæ, & secernunt *cerumen aurium.*

GLANDULÆ ORIS.

Oris glandulæ, quæ *salivam* secernunt, & ideo *salivales* dicuntur, sunt.

GLANDULÆ PAROTIDES. Sunt magnæ glandulæ conglomeratæ, sub auricula inter processum mammillarem, & angulum inferioris maxillæ locatæ. *Ductus excretorius* glandularum parotidum *Stenonianus* vocatur; pergit a glandula super musculo massetere oblique in buccam, dein circa secundum, & tertium dentem molarem superioris maxillæ musculum buccinatorem, & buccam in cavum oris usque perforat.

GLANDULÆ MAXILLARES, sunt etiam glandulæ conglomeratæ, locantur sub angulis maxillæ inferioris, & earum ductus excretorius, qui *Warthonianus* appellatur, pergit ad latus frænuli sub lingua, circa quod aperitur.

GLANDULÆ SUBLINGUALES. Mox sub lingua locantur, earum ductus excretorii ad latera sub lingua pergunt, & ibi suis orificiis aperiuntur.

GLANDULÆ BUCCALES, sunt parvæ glandulæ salivales; quæ sparsim in interna superficie buccarum, &

GLANDULÆ LABIALES, quæ in interna superficie labiorum sub membrana communi oris locantur.

GLANDULA MOLARIS, in utroque latere buccarum inter musculum masseterem, & buccinatorem, una locatur, earum ductus excretorius circa ultimum dentem molarem suo orificio hiat.

GLANDULÆ COLLI EXTERNÆ.

GLANDULÆ JUGULARES. Sub cute colli circa venas jugulares externas ultra 20. glandulæ globatæ inveniuntur.

GLANDULÆ SUBMAXILLARES. Sunt glandulæ globatæ, quæ in pinguedine sub maxilla locantur.

GLANDULÆ CERVICALES. Sub cute in pinguedine circa cervicem deprehenduntur.

GLANDULA THYROIDEA. Est magna glandula, quæ cartilagini cricoideæ, tracheæ, & suis cornubus cartilagini thyroideæ incumbit. Ductus excretorius non invenitur.

GLANDULÆ FAUCIUM.

Multæ glandulæ *mucipdræ* in cavo faucium sub membrana cavum faucium investiente inveniuntur, ut

GLANDULÆ PALATINÆ, in postica palati regione locatæ.

GLANDULÆ UVULARES, quæ in uvula.

——————— TONSILLARES, quæ in tonsillis.

GLANDULÆ LINGUALES, circa foramen cæcum, quod in radice linguæ est, deprehenduntur.

———— LARINGEÆ, quæ sub interna membrana laryngis, &

———— PHARYNGEÆ, quæ sub interna membrana pharyngis locantur.

GLANDULÆ MAMMARUM.

GLANDULÆ MAMMARIÆ, seu *lacteæ* mammarum, sub pinguedine mammarum locantur, ex illis *vasa lactea* ad papillas mammarum pergunt, in quas suis orificiis aperiuntur.

GLANDULÆ CAVITATIS THORACIS.

GLANDULA THYMUS. Est magna glandula, quæ in antico mediastini spatio sub parte superiori sterni supra pericardium locatur. Ductus excretorius non invenitur, sed vasa lymphatica ex hac glandula ad ductum thoracicum pergunt.

GLANDULÆ BRONCHIALES. Sunt magnæ, ac nigricantes glandulæ, quæ in fine tracheæ circa initium bronchiorum in externa superficie locantur, sed suis orificiis excretoriis in cavum bronchiorum aperiuntur, & mucum nigricantem eructant.

GLANDULÆ OESOPHAGEÆ. Sub interna œsophagi membrana inveniuntur, & mucum secernunt.

GLANDULA DORSALIS OESOPHAGI. Juxta quartam, vel quintam vertebram dorsi, in postica, & externa œsophagi superficie reperitur. Ductus excretorius non invenitur. Subinde hæc glandula admodum magna, vel in duplo adest.

GLANDULÆ CAVI ABDOMINIS.

GLANDULÆ GASTRICÆ, sunt glandulæ muciparæ, locantur sub interna ventriculi membrana.

GLANDULÆ INTESTINALES sunt etiam muciparæ, reperiuntur sub interna intestinorum præsertim crassorum membrana.

GLANDULÆ MESERAICÆ, hinc inde in tela cellulosa mesenterii locantur. Recipiunt *vasa lactea* ab intestinis, & remittunt eadem ad *receptaculum chyli.*

GLANDULÆ HEPATICÆ. Etiam *acini biliosi* vocantur, deprehenduntur in substantia hepatis, & *bilem* in ductum hepaticum secernunt.

GLANDULÆ CYSTICÆ. Sunt glandulæ muciparæ, quæ sub interna vesiculæ felleæ membrana, maxime circa collum ejus locantur.

GLANDULÆ PANCREATICÆ. *vid. Pancreas,* in *Splanchnologia.*

GLANDULÆ OMENTALES. Sunt glandulæ globatæ, quæ in omento invenitur.

GLANDULÆ LUMBORUM.

GLANDULÆ SUPRARENALES. Cuique reni magna insidet glandula, membranæ adiposæ renum inclusa. Substantia earum est spongiosa, cavum habent succo viscoso, ruffo impletum. Ductus excretorius non invenitur. In fœtu hæ glandulæ subinde magnitudinum renis habent.

GLANDULÆ LUMBARES, circa receptaculum chyli.

GLANDULÆ ILIACÆ, in origine vasorum iliacorum, &

GLANDULÆ SACRALES, sunt glandulæ globatæ ad quæ multa vasa lymphatica pergunt, & ad chyli receptaculum redeunt.

GLANDULÆ GENITALIUM VIRILIUM.

GLANDULÆ ODORIFERÆ GLANDIS. Sunt glandulæ sebaceæ, quæ sub corona glandis locantur.

GLANDULÆ MUCOSÆ URETHRÆ. Sunt glandulæ muciparæ, quæ sub interna membrana urethræ continentur.

GLANDULA LITTRII. Est glandula magna mucipara, non procul a bulbo urethræ, inter membranas urethræ locata.

GLANDULÆ COWPERI. Sunt 3. magnæ glandulæ muciparæ, duæ ante prostatam sub musculis acceleratoribus penis; tertia magis interius prope bulbum urethræ sita est.

GLANDULA PROSTATA: Magna, cordiformis, plana, & omnium glandularum solidissima est glandula, quæ inter collum vesicæ urinariæ, & bulbum urethræ locatur, & *humorem lacteolum* secernit, qui 10. vel 12. ductibus excretoriis juxta verumontanum sub coitu in urethram effunditur.

GLANDULÆ GENITALIUM MULIEBRIUM.

GLANDULÆ ODORIFERÆ LABIORUM MAJORUM, & MINORUM sunt glandulæ sebaceæ, sub cute labiorum reperiendæ, sebum peculiaris odoris secernentes.

GLANDULÆ ODORIFERÆ CLITORIDIS, ad basim illius copiose locantur, sunt ejusdem indolis, ac priores.

GLANDULÆ MUCOSÆ URETHRÆ, sunt glandulæ muciparæ, quæ sub interna membrana urethræ muliebris locantur.

GLANDULÆ MUCOSÆ VAGINÆ, sub interna membrana vaginæ muliebris, ubique reperiuntur.

GLANDULÆ BARTHOLINIANÆ, sunt glandulæ muciparæ, prioribus paulo majores, quæ in inferiori parte vaginæ versus perinæum, & anum locantur.

GLANDULÆ EXTREMITATUM.

GLANDULÆ SYNOVIALES, sunt glandulæ muciparæ, quæ in cavo articulationum reperiuntur.

GLANDULÆ INGUINALES., sunt glandulæ glo-
bate, seu lymphaticæ, plures numero, quæ sub-
cute in tela cellulosa regionum inguinalium locantur, & vasa lymphatica a glande penis redeuntia, recipiunt.

GLANDULÆ SUBAXILLARES, sunt etiam glandulæ
globatæ, quæ in fovea subaxillari locantur, &
vasa lymphatica a mammis redeuntia recipiunt.

GLANDULÆ CUTIS.

GLANDULÆ SUBCUTANEÆ, sunt glandulæ *sebaceæ*, quæ ubique in inferiori cutis superficie
deprehenduntur, suis excretoriis ductibus cutem, & epidermidem perforant, & *sebum cuta-
neum* secernunt.

F. I. N. I. S.

CPSIA information can be obtained
at www.ICGtesting.com
Printed in the USA
BVOW09s1929080517

483535BV00015B/326/P